ZHONGGUO ZIYOU MAOYI SHIYANQU ZHIDU CHUANGXIN TIXI
LILUN YU SHIJIAN

中国自由贸易试验区制度创新体系理论与实践

陆剑宝 著

中山大学出版社
SUN YAT-SEN UNIVERSITY PRESS

· 广州 ·

版权所有　翻印必究

图书在版编目（CIP）数据

中国自由贸易试验区制度创新体系：理论与实践/陆剑宝著.—广州：中山大学出版社，2018.8

ISBN 978-7-306-06366-3

Ⅰ.①中… Ⅱ.①陆… Ⅲ.①自由贸易区—制度建设—研究—中国 Ⅳ.①F752

中国版本图书馆 CIP 数据核字（2018）第 119462 号

出 版 人：王天琪
策划编辑：曾育林
责任编辑：曾育林
封面设计：曾　斌
责任校对：马霄行
责任技编：何雅涛
出版发行：中山大学出版社
电　　话：编辑部 020-84111996，84113349，84111997，84110779
　　　　　发行部 020-84111998，84111981，84111160
地　　址：广州市新港西路 135 号
邮　　编：510275　传　真：020-84036565
网　　址：http://www.zsup.com.cn　E-mail：zdcbs@mail.sysu.edu.cn
印 刷 者：佛山市浩文彩色印刷有限公司
规　　格：787mm×1092mm　1/16　11.5 印张　260 千字
版次印次：2018 年 8 月第 1 版　2020 年 8 月第 2 次印刷
定　　价：48.00 元

如发现本书因印装质量影响阅读，请与出版社发行部联系调换

序 言 一

2014年12月，国务院决定设立中国（广东）自由贸易试验区，中山大学率先垂范，与南沙新区片区达成合作协议，共建"中山大学自贸区综合研究院"。该研究院隶属于国家高端智库——中山大学自贸区综合研究院，并于2017年获批为广东省重点智库。本人非常荣幸成为中山大学自贸区综合研究院自主培养的第一位出站博士后并留在研究院继续从事与粤港澳大湾区等相关领域的研究工作。因此，本书的出版也可以算作我在中山大学自贸区研究院3年来的部分工作总结。

在中山大学自贸区综合研究院从事自由贸易试验区制度创新研究过程中，本人亦有机会被选调到中央政府驻香港联络办公室进行为期一年的课题研究，对广东自由贸易试验区深化与港澳合作的内涵有了更直觉的认知。因此，本书对广东自由贸易试验区以及粤港澳大湾区的笔墨稍多。

本书的出版，除了得到中山大学自贸区综合研究院和中山大学粤港澳发展研究院领导和同事的大力支持外，还得到国家高端智库——中山大学粤港澳发展研究院专项资助，研究阐释党的十九大精神国家社科基金专项资助，广州市哲学社会科学发展"十三五"规划2018年度智库课题、珠海市哲学社会科学发展"十三五"规划2018年度一般课题的资助，特此感谢！

陆剑宝
2018年5月1日于中山大学文科楼

序 言 二

中国自由贸易试验区的设立是党中央、国务院全面深化改革和扩大开放的重大战略举措。2013年，中国（上海）自由贸易试验区挂牌成立；2015年，天津、广东、福建三大自由贸易试验区挂牌成立；2017年3月，辽宁、陕西、河南、浙江、湖北、四川、重庆七大自由贸易试验区相继挂牌成立。截至目前，中国的自由贸易试验区已经形成了"1+3+7"的空间分布格局。11个自由贸易试验区均匀而有序地分布在东北、华北、华中、华东、华南和西南地区。2018年4月13日，习近平总书记在庆祝海南建省办经济特区30周年大会上的讲话时指出，海南全岛建设自由贸易试验区，要以制度创新为核心，赋予更大改革自主权，支持海南大胆试、大胆闯、自主改，加快形成法治化、国际化、便利化的营商环境和公平开放统一高效的市场环境。要更大力度转变政府职能，深化简政放权、放管结合、优化服务改革，全面提升政府治理能力。要实行高水平的贸易和投资自由化便利化政策，对外资全面实行准入前国民待遇加负面清单管理制度，……，推动服务贸易加快发展。除了有共性的政府职能转变、投资便利化、贸易自由化、金融放开、法治化等领域的制度创新要求和目标外，各自由贸易试验区基于发挥地理优势和产业特点建构的功能定位都各有特色。如上海自由贸易试验区旨在进一步探索中国的金融放开创新，广东自由贸易试验区突出粤港澳深度合作目标，福建自由贸易试验区则彰显对台特色，陕西自由贸易试验区响应国家的"一带一路"倡议，辽宁自由贸易试验区为东北工业基地转型提供经验探索，浙江自由贸易试验区则在海洋贸易制度创新上充当先行地，等等。海南自由贸易试验区则被赋予更大的改革开放权，逐步探索建设自由贸易港。由此可见，国家的自由贸易试验区建设已经从 2013 年的初期试点阶段进入加速推进阶段。以上海为首的第一批、第二批自由贸易试验区经过数年的制度创新探索，下一步的改革和创新方向在哪里？新批的自由贸易试验区又该如何做出成效和特点？这都是非常重要的研究议题。本书引入产业经济学的 S-C-P 分析方法，结合理论和实践案例，旨在建构较为完整的自由贸易试验区制度创新体系，为政府提供一个自由贸易试验区如何发展的整体逻辑框架。

陆剑宝

2018 年 5 月 1 日于中山大学文科楼

目 录

第一章 中国自由贸易试验区的发展背景 …………… 1
  一、从自由贸易区说起 ………………………………… 1
    （一）自由贸易区的设立 …………………………… 1
    （二）自由贸易区的特征 …………………………… 2
    （三）国（境）外自由贸易区的创新经验 ………… 4
  二、园区经济与自由贸易试验区 ……………………… 9
    （一）中国园区经济演进的历史线路 ……………… 9
    （二）自由贸易试验区的设立初衷 ………………… 11
    （三）自由贸易试验区是强调"先行先试"的
　　　　　自由贸易区 ………………………………… 12
  三、小结 ………………………………………………… 13

第二章 自由贸易试验区制度创新的理论基础 ……… 15
  一、自由贸易试验区的研究进展 ……………………… 15
  二、制度创新的理论基础 ……………………………… 17
    （一）结构——地方政府组织网络 ………………… 17
    （二）行为——制度演进与制度创新系统集成 …… 19
    （三）绩效——地方政府组织、制度创新与经济发展
　　　　　 ………………………………………………… 21
  三、自由贸易试验区制度创新的逻辑框架 …………… 22
  四、自由贸易试验区制度创新体系的主要内容 ……… 23
    （一）政府职能转变 ………………………………… 24
    （二）贸易便利化 …………………………………… 24

— 1 —

　　　　（三）投资便利化 ………………………………… 25
　　　　（四）金融放开 …………………………………… 25
　　　　（五）法治化建设 ………………………………… 25
　　五、小结 ………………………………………………… 26

第三章　中国自由贸易试验区制度创新体系的实践路径 …… 27
　　一、自由贸易试验区制度创新的动因 ………………… 27
　　　　（一）制度供给侧的外在动力 …………………… 27
　　　　（二）制度供给侧的内在动力 …………………… 27
　　二、自由贸易试验区制度创新的体系 ………………… 28
　　　　（一）自由贸易试验区政府职能转变的实践 …… 28
　　　　（二）自由贸易试验区投资便利化的实践 ……… 43
　　　　（三）自由贸易试验区贸易便利化的实践 ……… 57
　　　　（四）自由贸易试验区金融放开的实践 ………… 63
　　　　（五）自由贸易试验区法治化建设的实践 ……… 71
　　三、自由贸易试验区制度创新的外溢效应 …………… 79
　　　　（一）自由贸易试验区制度创新经验的复制推广 … 79
　　　　（二）自由贸易试验区制度创新与区域联动 …… 80
　　　　（三）自由贸易试验区制度创新与对外开放 …… 82
　　四、小结 ………………………………………………… 83

第四章　中国自由贸易试验区制度创新成效的量化评估 …… 87
　　一、自由贸易试验区制度创新指数评价 ……………… 87
　　　　（一）中山大学自贸区综合研究院
　　　　　　　"自由贸易试验区制度创新指数" ………… 87
　　　　（二）上海财经大学自由贸易区研究院
　　　　　　　"自由贸易试验区卓越指数" ……………… 90
　　二、自由贸易试验区制度创新的企业感观 …………… 91
　　　　（一）从企业角度研究自由贸易试验区制度创新
　　　　　　　成效 ………………………………………… 92

（二）研究方案设计 …………………………… 92
　　（三）问卷数据分析 …………………………… 94
　　（四）制度创新的企业需求特征 ……………… 95
三、小结 …………………………………………… 104

第五章　中国自由贸易试验区的深化改革方向 ……… 106
一、赋予更大的改革开放权：自由贸易港 ……… 106
　　（一）有了自由贸易试验区，为什么还要建自由贸易港 …………………………………… 106
　　（二）我国设立自由贸易港的战略意义 ……… 107
　　（三）自由贸易港的监管模式 ………………… 109
　　（四）自由贸易港的"港—产—城"联动 …… 111
二、自由贸易试验区对接"一带一路"倡议愿景 …… 114
　　（一）自由贸易试验区响应"一带一路"的定位 …………………………………………… 114
　　（二）自由贸易试验区引领"一带一路"的"五通" …………………………………… 115
　　（三）自由贸易试验区与国内贸易转型升级 …… 116
　　（四）自由贸易试验区企业"走出去"与"一带一路"建设 ……………………………… 117
三、创新驱动：自由贸易试验区与国家自主创新示范区"双自联动" ……………………………… 120
　　（一）"双自联动"的含义 …………………… 120
　　（二）"双自联动"的战略意义 ……………… 122
　　（三）"双自联动"的两种模式 ……………… 122
　　（四）"双自联动"的形成机制分析 ………… 123
　　（五）实施"双自联动"战略的体制机制对比 …… 125
　　（六）以创新驱发展，提速"双自联动" …… 128

四、广东自由贸易试验区与粤港澳大湾区的协同发展…… 130
  （一）大湾区与自由贸易试验区联动发展的基础
    ……………………………………………………… 131
  （二）粤港澳大湾区与自由贸易试验区联动发展
    面临的障碍…………………………………… 133
  （三）粤港澳大湾区是平台，自由贸易试验区是
    引擎，自由贸易港是突破口………………… 136
  （四）粤港澳大湾区与自由贸易试验区联动发展的
    路径…………………………………………… 138

五、小结……………………………………………………… 140

第六章　中国自由贸易试验区深化改革的制度保障………… 141

一、进一步推动政府职能转变，创新市场监管模式…… 141
  （一）自由贸易试验区地方政府体制改革与职能
    转变…………………………………………… 141
  （二）自由贸易试验区地方政府的管理理念转变…… 144
  （三）提升自由贸易试验区政府的新业态监管
    能力…………………………………………… 145

二、以负面清单管理制度改革为突破口促进投资便利化
  …………………………………………………………… 146
  （一）参照内资负面清单，对标国际惯例，完善
    负面清单投资管理制度……………………… 146
  （二）加强基于企业信息披露和规范经营的大数据
    备案制度……………………………………… 146
  （三）借鉴知识产权贯标提出自由贸易试验区企业
    投资经营标准………………………………… 147

三、基于大数据管理，加强贸易便利化和促进新兴贸易
  业态发展………………………………………………… 147
  （一）"单一窗口"的升级………………………… 147
  （二）拓展贸易便利化的覆盖领域……………… 148

（三）加强海关和检验检疫的分类监管 …………… 148
四、寻找制度突破口，加大金融放开力度 ……………… 149
　　（一）加强自由贸易试验区金融创新与国际
　　　　　（区域）金融中心建设联动 ………… 149
　　（二）扩大自由贸易试验区核心金融制度创新的
　　　　　功能和试验范围 ………………………… 149
　　（三）形成自由贸易试验区金融制度创新可复制、
　　　　　可推广的新经验 ………………………… 150
五、逐步完善中国自由贸易试验区法律保障体系 ……… 150
　　（一）在自由贸易试验区立法方面 ……………… 150
　　（二）在投资管理相关法律方面 ………………… 151
　　（三）在完善自由贸易试验区法律环境方面 …… 151
六、小结 …………………………………………………… 151

附录一　中国11个自由贸易试验区的综合投资价值指数
　　　　 ………………………………………………… 154

**附录二　广东自由贸易试验区南沙新区片区制度创新的企业
　　　　　满意度调查问卷** ……………………………… 161

参考文献 …………………………………………………… 165

第一章 中国自由贸易试验区的发展背景

2013年,我国在上海首先设立"自由贸易试验区",旨在通过制度创新的压力测试,为我国对标国际投资贸易规则,构建开放型经济体制提供试验样本。同年,日本推出了"国家战略特区"政策,明确于不同地区在特定领域实施"放松管制、招商引资"。尽管称谓和形式不一,但"放松管制"均成为多国多地区以开放促发展的主旋律。

一、从自由贸易区说起

(一) 自由贸易区的设立

最近50年内,不管是发达国家还是发展中国家都将自由贸易区(free trade zones,FTZs)作为一项重要的经济政策,以期提升出口导向为主的FDI(foreign direct investment,FDI)能力。早在20世纪70年代,世界上只有几个国家允许设立FTZs,到了1997年,有93个国家和地区设立了大约850个FTZs,1999年,FTZs进一步爆炸式增长,有116个国家或地区设立超过3000个FTZs。一国或一地政府之所以热衷于设置FTZs,均希望通过硬环境和软环境的优化以达到刺激经济的正向作用,主要目标包括:①增加外汇收入;②提供就业岗位和提高员工收入水平;③吸引更多的FDI;④产生技术转移、知识溢出和示范效应。当然,在自由贸易区不同发展阶段,各国或地区也会调整自由贸易试验区的目标和功能，以应对地区变迁和全球环境风向。世界自由贸易区的多种称谓见表1-1。

表1-1 世界自由贸易区的多种称谓

称　　谓	主要使用国家和首次使用时间
自由贸易区（free trade zone）	自从19世纪开始被使用的传统称谓
对外贸易区（foreign trade zone）	印度（1983年）
工业自由区（industrial free zone）	爱尔兰（1970之前）
自由区（free zone）	阿拉伯联合酋长国（1983年）
组装工厂（maquiladores）	墨西哥（20世纪70年代早期）
出口自由区（export free zone）	爱尔兰（1975年）
出口加工免税区（duty free export processing zone）	韩国（1975年）
出口加工区（export processing zone）	菲律宾（1977年）
经济特区（special economic zone）	中国（1979年）
投资促进区（investment promotion zone）	斯里兰卡（1981年）
自由出口区（free export zone）	韩国（1970年）

（二）自由贸易区的特征

世界上的自由贸易区最早出现的时候均以自由港的形式存在，以后不断扩张范围并推及内陆地区。自由港有严格明确的界线，该界线受到海关监督。在自由港区内，商品可以储存、重新包装和展览或者在遵守有关条例的前提下转运、销售或者加工，海关一般不予监督或限制。随着国际贸易的指数式增长和货物匀速尤其是港口匀速效率的显著提升，自由贸易区功能不断丰富和演进。尽管自由贸易区的称谓和表现形式繁多，但它们却有着共同的特征和本质上一样的内涵。自由贸易区的定义见表1-2。

表1-2 自由贸易区的定义

出处	强调的特征	定义的内容
联合国贸易发展会议报告（1984）	境内关外、保税和功能	自由贸易区是货物进出无须经过国家海关的区域，此类区域主要用于储存和贸易，而最近则强调进行制造、加工和组装业务活动。货物进入自由区可不缴纳关税或受配额的限制
World Bank，1992	自由交易和免于监管	自由贸易区是一个有明确界线的地理区域，区域内的出口加工企业或其他企业享受进行自由交易和免于监管的环境
美国关税委员会	保税	自由贸易区是对用于再出口的商品在豁免关税方面有别于一般关税地区，是一个只要进口商品不流入国内市场便可免课关税的独立封锁地区
ILO（International Labour Organization），1998	来料加工	自由贸易区是通过设立一系列刺激措施来吸引外资的区域，区域内产品在再出口前可以将进口的原材料进行一定程度的加工
Madani，1999	境内关外	自由贸易区是一个具有明确界线封闭的海关区域，该区域一般具有优越的地理位置，提供适合商业活动和产业运营的基础设施，不受海关和财政监管控制
Kusago 和 Tzannatos（1998）	自由贸易飞地	自由贸易区是一个具有明确界线的工业区，该区域由独立于东道国的海关监管，区域内以出口为导向的外资公司受益于一系列的财政和金融政策鼓励
李岚清主编的《中国利用外资基础知识》	境内关外和贸易	自由贸易区是划在所在国或地区的海关管辖区的关卡之外，以贸易为主的多功能经济型特区

综合已有的定义和进行的实地调研,本书所指的自由贸易区或自由贸易试验区是指一个产业区域,可以为投资者提供:①境外的场所;②比较优越的商业基础和配套;③更加宽松的营商环境;④具有吸引力的税收减免或其他政策支持。

(三) 国(境)外自由贸易区的创新经验

1. 自由贸易区的政府管理架构

国(境)外成熟的自由贸易区都建立了灵活高效的政府管理制度。一国多区的国家通常设有专门的宏观管理机构,负责对全国各地的自由贸易园区进行设区审批、监督、检查和协调管理。对比之,一国一区的国家主要通过授权地方管理机构的方式进行直接管理,不设专门宏观管理机构。自由贸易园区的具体管理由政府授权专门机构负责,可以是政府、法定机构或公司。国(境)外自由贸易园区政府管理的创新经验见表1-3。

表1-3 国(境)外自由贸易园区政府管理的创新经验

代 表	具 体 做 法
美国纽约港自由贸易试验区	***对外贸易区委员会**。设立在联邦政府的商务部,是宏观层面的专门管理机构,商务部部长兼任委员会主席和执行官,财政部部长为委员会成员。该委员会是美国政府管理自由贸易试验区事务的最高机构。主要职责包括:①制定自由贸易试验区的管理规则。②审查批准各州自由贸易试验区的设立。③检查调查自由贸易试验区运作情况及决定注销或撤销自由贸易试验区。委员会的主要管理官员为执行秘书,由担任主席的商务部部长任命。对外贸易委员会每个财政年度必须向美国国会提交一份执行秘书报告,系统陈述当年自由贸易试验区管理和发展情况 ***纽约-新泽西港务局**。纽约港自由贸易试验区园区层面的管理机构。它是地跨两州的管理机构,总部在纽约,管辖纽约市附近所有港口和机场、连接纽约和新泽西的桥梁隧道,以及两地之间运营的地铁和公交。其中,董事会中12名董事由纽约和新泽西两州各任命一半。法律上独立于两州,拥有自己的警察执法力量

续上表

代　表	具　体　做　法
德国汉堡港	***汉堡港务局**。汉堡自由港管理体制经历了由州政府直接管理到授权汉堡港务局代为管理的转变。2005年10月，汉堡港务局成立，在汉堡州政府授权下专门负责管理和协调自由贸易试验区的整体事务，包括对港口设施的更新和维护，并设立"汉堡港口和仓储有限公司"，代行政府管理的大部分职能。2013年，汉堡港取消自由贸易区
（阿拉伯联合酋长国）迪拜杰贝阿里自由区	***迪拜相关政府部门**。负责自由区内基础设施投资建设（主要包括交通和信息基础设施等），区内空地出让，向投资者出让建成的办公室、厂房和仓库等 ***杰贝阿里自由区管理局**。园区层面的管理机构，管理局主席由迪拜酋长任命，主席任命总执行官及执行机构负责人。管理局承担自由区全部的招商、服务和管理工作，直接向投资者颁发营业执照，提供行政管理、工程、能量供应和投资咨询等各种服务
新加坡自由贸易试验区	***财政部**。宏观层面管理由财政部负责，根据地区发展需要设立自由贸易试验区，并规定自由贸易试验区的名称、申请者、区域、设置目的、主要功能、定定的主体、征税和非征税对象、奖励条件等。财政部部长可以依法（1969年颁布的自由贸易区法案）制定某单位或公司作为自由贸易试验区的主管或经营机构 ***财务部所属的贸易发展局**。主管自由贸易试验区进出口贸易、保税仓库业务及经济活动的调控 ***港务局**。负责自由贸易试验区的基础设施建设 ***自由贸易试验区主管或经营机构**。由财政部部长授权设立，履行从开发到经营管理的职责。可以是法人实体、政府部门或企业。目前，新加坡7个自由贸易试验区的主管机构分别为新加坡国际港务集团、新加坡民航局和裕廊管理公司。新加坡民航局主管樟宜机场自由贸易试验区；裕廊管理公司主管裕廊港口自由贸易试验区；其余5个自由贸易试验区均由新加坡国际港务集团掌管经营

2. 普遍采用宽松的外资准入政策

国（境）外自由贸易园区普遍采取开放宽松的外资准入政策。一是允许外商投资的领域范围广，特别是很多国家或地区率先在区内放开一些服务业领域（如新闻媒体、文化旅游、博彩等领域）的投资准入。二是投资相关限制较少。在投资程序上，不需要政府审批和核准,只要在相关部门登记备案即可。不仅区内投资自由,区内企业向外投资也相对自由便捷,对外资股权限制亦较少。三是外资普遍实行国民待遇。国(境)外自由贸易区投资管理制度创新的经验见表1-4。

表1-4 国(境)外自由贸易区投资管理制度创新的经验

代表	开放与限制	具 体 做 法
美国	开放领域	负面清单以外的领域均对外开放
美国	限制	以负面清单保留部分领域或行业不对外资开放:①明确禁止领域,如国内航空运输。②严格限制领域,如传媒和通信领域。③有选择限制领域,如修筑铁路。④特殊限制领域,如水电领域
欧盟	开放领域	部分领域受欧盟互惠条款约束,在欧盟成员国之间高度开放
欧盟	限制	①电视广播和视听服务,如法国规定60%的电视广播节目必须来自欧盟成员国,其中40%必须是法语节目。②法律、审计和会计等专业服务。某些欧盟成员国要求具有欧盟国际才能参加律师资格考试;审计和会计在欧盟境内都属于限制性行业。③金融服务:对银行的跨境交易有限制
韩国	开放领域	对大部分领域进行开放
韩国	限制	①金融服务:对跨境金融服务存在限制。②文化娱乐服务:实施电影配额制。③基础电信:外资持股比例不得超过49%
新加坡	开放领域	①完全开放商业、外贸、租赁、直销广告、电信市场。②除与国防有关的某些行业外,对外资运作不做任何限制
新加坡	限制	①禁止限制外资银行进入本地零售业务市场,限制外资银行对本地银行的持股比例。②新闻业外资出资比例不得超过30%、广播业不得超过49%
中国香港	开放领域	除需要受到政府监管的行业以外,境外资本可以在其余所有行业投资,并拥有100%的股权
中国香港	限制	在金融、电信、公共运输、共用设施及部分大众媒体等监管行业外资控股权不能超过49%

3. 逐渐从货物贸易向服务贸易过渡

为提高境外与自由贸易园区之间货物进出口岸的效率,国际通行做法是不需要履行报关手续。境外货物可以不受海关监管而自由进出园区,园区内货物也可以不受海关监管而自由运出境外。伴随经济全球化和全球产业服务化的发展,服务贸易逐渐超越货物贸易成为主流,服务贸易的领域和空间不断拓展延伸。国(境)外自由贸易园区在进出口贸易、转口贸易的基础上,开始向服务贸易领域延伸拓展。然而,目前有关自由贸易园区服务贸易便利化的制度安排相对缺乏。国(境)外自由贸易区促进贸易便利化的创新经验见表1-5。

表1-5 国(境)外自由贸易区促进贸易便利化的创新经验

代 表	运作模式	具 体 做 法
美国纽约	对外贸易区	外国商品如果不仅让海关关区内用于国内消费,不需要执行正常的进口报关程序和支付关税;货物从对外贸易区进入美国关税区之前要求填报入库表,可以在货物进入关税区后10天才缴纳关税
德国汉堡	自由港	凡是进出或转运货物在自由港装卸、转船和储存不受海关的任何限制,货物进出不要求每批立刻申报与查验,甚至45天之内转口的货物无须记录
荷兰鹿特丹	保税仓库	货物从港区的一个保税仓库运往另一个保税仓库无须清关,货物从港区保税仓库运往内陆腹地的保税仓库无须清关
中国香港	自由港市	海关依据本身经验判断货主过去通关记录、外部情报等,对通关货物进行抽验而不是全部查验
新加坡	自由港市	进口产品一般没有配额限制,大部分货物无须许可证即可免税进口

4. 较为自由开放的外汇管理和金融政策

国(境)外自由贸易园区普遍采取宽松、自由、开放的外汇管理和金融政策。一是宽松的外汇政策,中国香港、新加坡、汉堡港等均体现出所在国家和地区的金融自由化政策，均无任何形式的外汇管制，外汇可自由兑换。二是资金自由进出政策。中国香港、新加坡资金进出没有任何限制，外汇、各种形式的合法收入都可以自由进出。三是离岸金融业务广泛开展，亚洲、拉美、中东等一些综合型自由贸易园区转变离岸金融中心。国（境）外自由贸易区金融放开的制度安排见表1-6。

表1-6 国（境）外自由贸易区金融放开的制度安排

国家和地区	制度安排
巴拿马	对外国银行给予各种优惠条件，外币可自由流通和出入
汉堡	①实行货币自由兑换制，不存在任何形式的外汇管制，企业和个人可以自由持有和买卖外汇。②对企业或个人的外汇汇出没有限制
迪拜	无外汇限制，资金进出自由
新加坡	①实行宽松、自由、开放的货币兑换和外汇管理制度。②全面取消外汇管制
中国香港	①外汇兑换自由，全面取消外汇管制。②资金进出没有限制，股利、专利权费、利息等得到的利润和其他收入，可以自由地转移到境外

5. 先设法律再设自由贸易区

国（境）外一般先设立法律再设立自由贸易园区，法律明确规定了自由贸易园区的区域性质和法律地位。有关自由贸易园区的法律由国家最高立法机关制定，以保障自由贸易园区各项政策的稳定性、保障投资者的合法权益。立法内容包括园区的定位、功能、管理体制、优惠政策、监管制度。国（境）外自由贸易园区法治化发展经验见表1-7。

表1-7 国(境)外自由贸易园区法治化发展经验

国家和地区	法律法规	基本内容
美国	对外贸易区法案	规定了自由贸易试验区的功能;建立和扩建自由贸易试验区的程序;外国商品进入、处理、运输至海关领地和转运至区内所涉及的相关事项;不受海关法限制的物品和商品的鉴定;州法律的适用性;海关官员、警卫船自由贸易试验区及近海贸易的相关规定等多方面
	美国对外贸易区委员会通行条例	规定美国对外贸易区的一般管理条例及办事程序和规则
欧盟	欧共体海关法典	欧盟于1994年开始生效实施的统一海关法规,并要求各成员国修订本国的海关法,使其与该法规相一致
新加坡	自由贸易区法	全面规定了自由贸易园区的管理体制、运作模式等各方面操作规则
中国台湾	自由贸易港区设置管理条例	根据条例相继设立了"四海一空"自由贸易港区,即基隆、台北、高雄、台中4个海港及桃园空港自由贸易港区,并以此制定《基隆港自由贸易港区出入及居住管理办法》等5个地区的管理办法

二、园区经济与自由贸易试验区

(一) 中国园区经济演进的历史线路

在中国,除了深圳、珠海、汕头、厦门、海南五大综合性经济特区(后增加新疆维吾尔自治区的喀什经济特区和霍尔果斯经济特区)和上海浦东、天津滨海2个国家新区(之后陆续增加了17个国家新区,包括2017年4月成立的雄安新区)以外,还先后建立了54个国家级高新区、15个保税区、62个出口加工区、9个保税物流园区、13个保税港区和9个综合保税区。实际上，中国目前几乎囊括了自由贸易区的所有主要形式。园区经济发展遵循从"点"到"线"再到"面"的发展路径，而自由贸易试验区则明显带有以第一批的上海浦东的"点"开始，到第二批的天津、福建和广东的港口线，再到第三批的网络状空间分布。中国11个自由贸易试验区的空间分布特征，中国3批自由贸易试验区的概况见表1-8。

表1-8 中国3批自由贸易试验区的概况

自由贸易试验区及其面积	分片区及面积（单位：平方千米）			
上海 112.72	外高桥保税区、外高桥保税物流园区、洋山保税港区和上海浦东机场综合保税区 20.78	陆家嘴金融片区 34.26	金桥开发片区 20.48	张江高科技片区 37.20
天津 119.90	天津港片区 30.00	天津机场片区 43.10	滨海新区中心商务片区 46.80	
福建 118.04	福州 31.26	厦门 43.78	平潭 43	
广东 116.20	前海 28.20	横琴 28.00	南沙 60.00	
湖北 120.00	武汉 70.00	宜昌 28.00	襄阳 22.00	
四川 119.99	成都天府新区片区 90.32	成都青白江铁路港片区 9.68	川南临港片区 19.99	
重庆 119.98	两江新区 66.29	西永片区 22.81	果园港片区 30.88	
陕西 119.95	中心片区 87.76	西安国际港务区片区 26.43	杨凌示范片区 5.76	
浙江 119.95	舟山离岛片区 78.98	舟山岛北部片区 15.62	舟山岛南部片区 25.35	
辽宁 119.89	大连 59.96	沈阳 29.97	营口 29.96	
河南 119.77	郑州 73.17	开封 19.94	洛阳 26.66	

1. 自由贸易试验区1.0版

2014年9月29日,中国(上海)自由贸易试验区挂牌成立,区域范围涵盖外高桥保税区、外高桥保税物流园区、洋山保税港区和上海浦东机场综合保税区等4个海关特殊监管区域,面积达28.78平方千米(未扩容前数据)。

2. 自由贸易试验区2.0版

2014年12月,国务院决定在广东、天津、福建特定区域再设3个自由贸易试验区,同时将上海自由贸易试验区扩区。4个自由贸易试验区面积达466.86平方千米。2015年2月16日,国家层面的推进机制形成,建立了国务院自由贸易试验区工作部级联席会议制度。2015年4月21日,广东、天津、福建自由贸易试验区挂牌成立,上海自由贸易试验区将金桥出口加工区、张江高科技园区和陆家嘴金融贸易区等经济活跃度高的区域纳入,上海自由贸易试验区开始在浦东新区这一完整的一级政府框架下探索自由贸易试验区改革创新。

3. 自由贸易试验区3.0版

2016年8月,党中央、国务院决定,在辽宁省、浙江省、河南省、湖北省、重庆市、四川省、陕西省新设立7个自由贸易试验区,意味着自由贸易试验区建设进入了试点探索的新航程。新设的7个自由贸易试验区更加强调服务国家战略,要与西部开发、东北振兴、中部崛起和长江经济带发展、"一带一路"建设联动发展,加强国家赋予的特色试点任务。2017年4月,新设7个自由贸易试验区挂牌成立。至此,中国自由贸易试验区形成了"1+3+7"的逐渐推进格局。

(二) 自由贸易试验区的设立初衷

自由贸易试验区的设立是中国在经济新常态下全面深化改革和扩大对外开放的战略需要。伴随国内经济转型和改革步伐加快,"放管服"改革逐步深化,矫正市场扭曲,释放市场活力,营造法治化国际化便利化营商环境。但国际环境的影响更为直接。近年来，随着世界贸易组织（World Trade Organization，WTO）多哈回合谈判进程停滞不前使一些国家转变合作策略，寻求更小规模的自由贸易协定（free trade agreement，FTA）谈判尽快达成共识。跨太平洋伙伴关系协定（Trans-Pacific partnership agreement，TPP）、跨大西洋贸易与投资伙伴协定（transatlantic trade and investment partnership，TTIP）和国际服务贸易协定开始从传统的关境上的公平环境演变为边境内措施；国民待遇的关切点从以往的货物贸易转移到投资准入与服务贸易自由化。在全球投资贸易规则体系进入深度调整阶段，中国被排除在高标准投资贸易谈判的进程外。

国际压力迫使中国必须提出应对方案。中国于2013年9月正式启动自由贸易试验区建设，核心任务是制度创新。通过开展对接全球高标准投资贸易规则的压力测试，实践国际通行规则的重大平台，继而提升中国在自由贸易区协定、中美双边投资协定（bilateral investment treaty，BITs）谈判中的议题设置能力和服务业的对外开放能力。

（三）自由贸易试验区是强调"先行先试"的自由贸易区

自由贸易试验区与传统的开发区、经济特区，或者海关特殊监管区或保税区的最大区别在于：它不是简单的对外开放政策洼地。它是集投资、贸易、金融、科创等领域于一体的综合改革区；是全面对标国际通行规则，塑造国际化、便利化和法治化营商环境的压力测试区；是全面提升治理水平、改变传统行政理念、大幅提高行政效率的政府再造区。

过去的经济开发区主要是以招商引资为抓手，通过财政扶持、资金优惠、便宜地价等方式换取投资进入和经济增长。以园区经济为特色的投资带动为中国各地换取了一定的经济发展，形成了显著的效果，这在经济发展初期的确有正面意义。但目前中国正面临着经济转型升级和对外高水平开放的改革深水区，自由贸易试验区的设立和扩容扩区,其意义绝不仅仅是物理形态和经济总量的改变,而是制度层面的创新,强调制度的供给侧改革。

从 2013 年开始,党中央、国务院设立中国(上海)自由贸易试验区 3 年多以来,从改革较为简单的自由贸易试验区制度创新 1.0 版本的贸易便利化;深入到改革触及敏感领域和管制红线的自由贸易试验区制度创新 2.0 版本的投资便利化、金融国际化;再深入到改革涉及全方位"放、管、服"的自由贸易试验区制度创新 3.0 版本的创新要素跨境配置。自由贸易试验区的表现形式是投资、贸易、金融、科创等领域的制度创新,实质是以开放倒逼改革,加快促进政府职能转变、政府组织重构、政府流程再造和政府监管创新。图 1-1 为自由贸易试验区制度创新三层载体示意。

图 1-1 自由贸易试验区制度创新的三层载体

三、小结

通过梳理国内外有关自由贸易区的文献发现,国(境)外自由贸易区的特点在于通过海(空)港等交通枢纽设立产业园区,以较为完善的立法制度和税收吸引国际贸易机构的进驻,从而带动当地就业和经济发展。相比之,我国自由贸易区的设立与国（境）外自由贸易试验区和之前的经济特区有较大的区别。国（境）外自由贸易区和之前我国经济特区的设立均旨在通过放松监管、激活体制带动区域经济发展。对比之，自由贸易试验区除了一些推动产业发展的功能之外，最重要的是通过制度创新的压力测试，为我国对标国际投资贸易规则构建开放型经济体制提供试验样本。

第二章 自由贸易试验区制度创新的理论基础

一、自由贸易试验区的研究进展

作为国际贸易最有效的手段之一，自由贸易区在全球非常风行。由于各国对自由贸易区的功能定位不一，自由贸易区在全球有各种各样的英文名称，如 foreign trade zone、free port、free zone、customs free zone、industrial free zone、free trade zone 等。Grubel（1982）指出，自由贸易区是一个拥有港口的地区，用防栅将其与一般关税地区隔离，在此船舶可以免办海关手续进港，并在此卸货、装货；也可以免办海关手续在区内储存货物，对货物进行重新包装、加工并转口输出。该提法强调了自由贸易区的海港特征、封闭性，并对其功能和关税地位进行明确界定。但这种定义在物理范围上过窄，自由贸易区选址后来并不仅限于海港，还包括空港或无水港甚至一般内陆地区。Dennis Puccinelli（2003）把美国的对外贸易区定义为：为促进对外贸易或方便外国货物进入美国境内销售而设，这些区域一般在或者靠近美国海关关口处，尽管这些区域是在美国联邦领土内并由联邦进行管辖，但在这些区域的货物流动无须办理正式的入关手续，无须报关或缴纳关税；货物从区内转口或运到境外，也不用纳税，而境内货物经海关许可进入对外贸易区，视同出口。

自由贸易区建立在关税和非关税壁垒上的竞争优势，对国民经济的作用受到某些学者的质疑。当整个国家进行自由贸易时，自由贸易区将失去吸引力，但如果某些具有出口加工功能的自由区能够有足够的空间，通过发展产业集群形成地区经济中心，那么自由贸易区的生命周期将不会因为 FTA 的实施而终结。因为，当自由贸易区兴建为具有集群力量的自由贸易区时，关税保护就将不再是自由贸易区存在的唯一经济基础（Mathai，2000）。Head 等（1999）研究发现当自由贸易区能吸引大量投资时，设立自由贸易区可以从整体上增加福利。但兴办自由贸易区和没兴办自由贸易区的地方就会产生经济差距，从而导致美国基本上各个州都兴建自由贸易区。

国内对自由贸易试验区的研究以 2013 年中国（上海）自由贸易试验区成立前后作为分水岭。国内学者对自由贸易试验区的研究主要集中在 3 个视角。一是自由贸易试验区的一般性和截面性的研究。包括自由贸易试验区设立的意义、扩容、制度创新效果评估等（裴长洪，2013；肖林等，2015；裴长洪、陈丽芬，2015）。二是针对自由贸易试验区的具体领域进行研究。如赵晓雷等（2015）对自由贸易试验区投资贸易规则的研究，孙元欣等（2014）对自由贸易试验区负面清单的系统研究，卢华（2017）对自由贸易试验区金融创新措施复制推广问题的研究。三是自由贸易试验区的外溢效应。殷华和高维（2017）的研究发现，上海自由贸易试验区生产了显著的"制度红利"，上海自由贸易试验区的设立显著地促进了上海市的 GDP、投资、进口和出口的增长，并且随着制度创新的深化，上海自由贸易试验区的制度红利效应更加显著和稳定。腾永乐和沈坤荣（2014）的研究认为，短期内上海自由贸易试验区会对周边城市的发展产生一定的虹吸效应，但是，长期来看，辐射带动和精细区域分工的机遇也会率先在长三角区域产生正面联动效应。徐美娜（2016）从制度改革示范效应、产业联动效应及企业辐射带动效应 3 个方面对上海自由贸易试验区影响长三角区域协调发展的机理进行了剖析。

二、制度创新的理论基础

(一) 结构——地方政府组织网络

1. 地方政府内部组织

政府职能转变是中国经济体制改革和行政管理体制改革提出的一个重大课题。政府职能就是政府根据社会需要而拥有的职能,它反映政府在一定时期内的主要活动。政府职能不能一成不变,需要根据形势和任务的变化而变化。政府职能分为基本功能和具体职能。前者是指政府在社会生活中所起的基本作用,即运用国家公共权力管理社会公共事务;后者是指政府在管理社会事务中所发挥的具体作用,对此又可从不同角度划分为不同的职能。以地域分,则有对内、对外 2 种职能;以管理领域分,则有政治、军事、经济、文化、社会 5 种职能;以管理经济的主要内容分,则有《中共中央关于经济体制改革的决定》规定的 8 种职能。

政府职能转变的理论依据主要有 3 条:①适应从产品经济向有计划的商品经济转变的需要,要从原来统管一切的产品管理体制转变为商品管理体制,从直接管理转变为间接管理。②适应发扬社会主义民主的需要,为了推进国家政治和经济等社会事务管理"民主化",政府应该适当放权。③适应政府行政管理科学化现代化的需要必须改变不符合科学管理原则的包揽一切的管理方法。转变政府职能才能提高管理效率。此外,随着科学技术和生产力的迅猛发展而出现的一系列社会经济问题,也使政府管理职能衍生出新的内容。目前,政府职能转变的研究主要集中在:

(1) 地方政府体制与机构重组。中国地方政府体制与机构改革整体上是在中央的统一部署下逐步推进的,体制改革取得了显著成效,其主要实践表现为每隔 5 年进行一次的国家机构改革。但是,机构改革总是陷入"精简—膨胀"的循环怪圈(毛寿龙，2004）。在2008年自上而下推行的大部制改革后，全国绝大多数的地方政府都与上对应进行了改革，地方政府部门横向之间仍然产生像以前一样的协调困难和运作不畅（竺乾威，2014）。有些地方政府是裁减部门反而增加工作人员。吕芳（2015）剖析了中国地方政府"影子雇员"形式的存在，地方政府更多地借助以公务员为核心的"同心圆"结构中的"影子雇员"来实现貌似编制不足情况下的市场管理和社会管理。

（2）地方政府的定位与职能转变。地方政府职能的转变总是伴随着政府经济体制改革和行政体制改革的进程。这一主题主要研究重新认识和界定地方政府的职能，正确处理政府、市场、社会的关系，实现地方政府职能转变（李克强，2015），解决政府职能"越位、错位、缺位"的问题，最近则开始强调政府的社会管理职能和公共服务职能。

（3）地方政府工作流程再造。国内学者主要结合地方政府行政审批制度改革（陈天祥等，2012）、政务超市（李金龙等，2007）、电子政务（中国行政管理学会，2002）的建设进程来进行本专题研究，尽管很多地方开展此类创新实践（陈振明，2016），但流程再造的理念却未深入人心。

（4）地方政府管理方式转变。近几年，政府工具研究成为政府管理方式创新的新途径，学者们认为市场化工具、互联网技术（后向东，2016）和社会化手段在政府管理中的引入是21世纪行政管理发展的基本趋势。此外，信息化、全球化对地方政府的挑战也成为学术界关注的议题。自由贸易试验区各部门通过互联网，一方面实现信息化监管，另一方面打破传统的上下级部门和同级部门之间的"信息孤岛"造成的政策碎片化困境。此外，"互联网+"亦引发了新兴贸易业态的出现以及制度创业现象的萌芽为政府传统的监管模式和方式提出了新的挑战和机会。

2. 府际关系

（1）上下级科层关系。国内学者侧重研究中央与地方政府间的关系，研究角度主要有权力、资源、财政等（周雪光，

2005，2008，2011；陈硕等，2012；周黎安等，2015）。简政放权和财政分权激发了地方政府的积极性，但同时亦出现了地方官员的"晋升锦标赛"。中央政府通过行政发包、层层摊派；地方政府为了获得更多财政支持和晋升空间，层层加码。一方面，地方经济短期得到投资推动性的增长；另一方面，亦引发"短视陷阱"（周业安、章泉，2008）。

（2）同级条块关系。近几年关于地方政府横向关系的研究逐渐增多，主要围绕"竞争与合作"和"碎片化"2个主题展开。如地方政府竞争与共谋，政府内部部门的联盟，城市群地区政府间的合作与协调，跨区域的省际关系等（周业安，2003；周黎安，2007，2011；崔晶，2015）。

（二）行为—制度演进与制度创新系统集成

关于制度创新的研究主要建构在制度经济学、组织与制度学和政治学等多学科糅合的研究基础上。一是在新一轮的新公共管理运动兴起背景下形成对传统政府职能转变的新公共管理研究范式；二是纳入了更多的行为经济、网络治理、制度创业等研究理念。所谓制度创新，是指制度的变迁过程，是制度创新主体为获得潜在收益而进行的制度安排。政府是最重要的制度创新主体（陈天祥，2000）。政府制度创新主要沿着两条理论路径进行研究。

1. 制度的动态演进——诺思的新古典主义方法论

在制度经济学的研究中处于主流地位的产权与契约经济学及交易成本经济学主要基于比较静态的分析方法，并没有有效解释制度的动态演变过程。诺思在1990年建立了一个完整的制度动态理论逻辑，他通过对经济史的研究发现，制度更多地类似自组织系统的变化，特别是作为习俗的非正式规范是一个自我演化的过程。诺思从3个重要维度区分了我们通常多理解的模糊的制度范畴：一是从制度产生的方式看，分为人为的制度（如宪法等）和演进的制度（如习惯法等）；二是从制度存在的形式看，分为正式制度（如法律、政治制度等）和非正式制度（如习俗、行为准则等）；三是从制度的运行层面看，分为制度本身和组织，前者是游戏规则本身，后者是前者在约束下有目的地创立的具体结构，如政治团体、经济团体、社会团体等。诺思提出的制度演化理论与其他制度动态模型最大的区别在于诺思注意到制度演化过程中当事人的主观心理活动特征对变迁路径的影响，并将其作为理解制度演变的关键。诺思注意到正式制度和非正式制度的变迁路径和速度可能不一致，通常是正式制度发生变迁，而非正式制度没有发生相应的变化；制度演化存在非连续性、不稳定性和突变性；制度演化的路径可能因为某些原因而偏离既定目标甚至逆转。尽管诺思指出了制度演化的不确定性、锁定效应、低效率选择和路径依赖等问题，但没有在一个更一致性的框架中加以总体解决。

2. 制度演进的整体机制——青木昌彦的一般性框架

青木昌彦通过一个演进博弈模型把诺思的理论框架形式化，在青木昌彦的制度演化模型中，诺思提出的一些问题得到更加明确的解释和证明。青木昌彦沿袭了诺思把制度视为博弈规则并假设当事人有限理性等看法。但与诺思不同的是，青木昌彦认为制度存在于当事人的意识中并且可以自我实施；制度作为共有信念的自我维系系统，实质上是对博弈均衡的概要表征。当环境变化或偏好变化等导致现存制度出现危机，参与人就会通过试验、模仿和学习等方法进行变革，最后演化出新的规则。与制度变革相对应的是共有信念系统的演化。在青木昌彦的制度演化模型中有四方面值得关注，一是从制度的博弈过程来说，均衡结果可能有多个，则内生的制度结果可能是多重的，究竟哪个制度被选择出来成为现实并稳定下来，并不取决于模型本身，因为参与人最终选定的制度可能和其背景、相关的规则和历史有关。二是和诺思一样，青木昌彦不仅注意到制度不仅是生态、技术和文化的产物，而且还有"人为设计"一面，参与人一旦获得优势地位后，可以通过信念的维持来确保旧有制度不变，即"路径依赖"。三是各个局部的制度会相互依存，具体表现在制度关联和制度互补上，制度之间的一致性和分歧都会对制度演变产生重要影响，如果某些制度的设计没有适应其他制度的要求，这些制度设计就会失败。四是制度多重性和制度演变必须考虑备选制度之间的竞争。青木昌彦重点分析了制度的多重性和相互依存性，这可以解释部分制度演化现象，但不能在明确区分制度的设计部分和演进部分的基础上解释制度演化的内在逻辑。如历史为什么很重要？路径依赖的性质是什么？制度分歧如何产生？

3. 制度的动态演进过程模拟——斯密德的 S-C-P 模型

斯密德注意到，以诺思和青木昌彦为代表的制度经济学派研究缺乏行为基础。因此，他主张通过心理学的研究来弥补制度行为研究的不足。斯密德认为制度经济学分析需从观察人与人（组织）相互依赖性开始。也就是说，个人（组织）的福利水平受到其他人（组织）的影响。他们有不同的关注点和路径依赖，因此，存在冲突的可能性。斯密德的分析类似产业经济学中行为—结构—绩效范式，重点在于研究制度结构—行为—绩效三者之间的关系。由此可见，斯密德等人的理论侧重于通过福利评价来看待制度演化。

（三）绩效——地方政府组织、制度创新与经济发展

越是接近具体（现实）环境的政府，直接创新的动力越大。中国地方政府在改革创新过程中一直比较活跃的原因即在于此。地方政府制度创新活动的有效性基于知识的可得性，由于地方政府与中央政府相比更了解地方社会成员（企业、社团、公众）的需求及资源状况，所以，就更有理由相信自身对外部规则的选择会有利于地方的福利增进。改革以后中央政府的放权形成了地方之间的竞争，这种竞争本质上就是外部规则的竞争，分权的体制使地方政府的利益与当地的经济发展紧密相关，外部规则的潜在收益也就等于地方社会福利，地方政府的制度创新活动有了合理的存在理由。地方政府和中央政府的角色有本质的不同，地方

政府是作为制度企业家而直接介入当地制度创新活动的（周业安，1998；张曙光，1999）。

三、自由贸易试验区制度创新的逻辑框架

第一种逻辑框架是从"诱致性制度变迁"切入。认为制度创新是自下而上的过程。国内企业本作为（技术和产品）创新主体，在进行经营和创新过程中遇到了阻碍创新的监管规制或制度缺失。当企业创新难以开展下去时，就形成了制度堵点。因此，需要政府作为制度供给者去推动制度创新，去掉堵点。从而形成：企业（技术、产品、业务流程）创新→遭遇规制壁垒或制度缺失→政府成为主体推动制度创新。

第二种逻辑框架是从"强制性制度变迁"切入。认为制度创新是自上而下的过程。为对标全球治理经验和高标准国际经贸规制→迫使国家要扩大对外开放→自由贸易试验区作为压力测试功能载体→政府成为主体推动制度创新。

第三种逻辑框架是从"中间扩散型制度变迁"切入。在一个由权力中心的制度供给意愿和能力主导制度变迁方向的框架内，为完成向市场经济的过渡，将因难以解开"诺思悖论"而面临一系列很难逾越的障碍（杨瑞龙，1994）。随着由权力中心推进的放权让利改革步伐的加快，利益独立化的微观主体具有利用下放的决策权捕捉潜在制度收益的动机。然而，在权力中心主导制度变迁的条件下，微观主体的制度需求能否转变为现实的制度安排，依赖其能否从权力中心获得制度创新的特许权，或者能否凭借其讨价还价能力突破进入壁垒，因而自下而上的制度变迁同样面临着障碍。解开"诺思悖论"突破口可能介于个体的自愿牟利行为和完全由权力中心控制之间的集体行动，即在微观主体之间的自愿契约与权力中心的制度供给行为之间，存在一种既能满足个体在制度非均衡条件下寻求最大化利益的要求，又可通过在与权力中心的谈判和交易中形成的均势来实现福利最大化的

制度变迁方式（杨瑞龙，1998）。

目前，我国自由贸易试验区的制度创新动因应该是以上3种模式合力的结果。

本研究纳入"结构—行为—绩效"的研究范式，试图建构一个关于自由贸易试验区制度创新的较为完整性的理论框架，见图2-1。这个结构性框架用于解释自由贸易试验区制度创新更为合意：自由贸易试验区制度创新的主体是地方政府，这涉及政府职能转变动因（结构稳定性和变动性）；地方政府的制度变革行为（制度的碎片化和系统集成）；地方政府制度创新的效果（复制推广和辐射带动）。

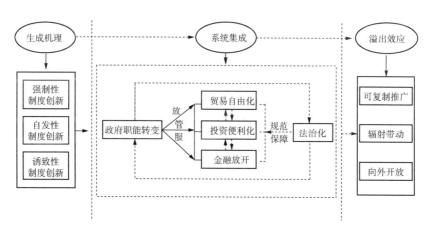

图2-1 自由贸易试验区制度创新的S-C-P理论模型

四、自由贸易试验区制度创新体系的主要内容

根据对11个自由贸易试验区总体方案和上海自由贸易试验区的2个深改方案的文本分析，提取出方案中涉及自由贸易试验区制度创新的共性因子，形成以下基于自由贸易试验区制度创新的内容体系，见图2-2。

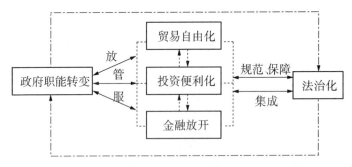

图2-2 自由贸易试验区制度创新体系的内容

（一）政府职能转变

加强自由贸易试验区建设与转变一级地方政府职能的联动，系统推进简政放权、放管结合、优化服务改革，在行政机构改革、管理体制创新、运行机制优化、服务方式转变等方面改革创新，全面提升开放环境下政府的治理能力。从"放、管、服"出发，健全以简政放权为重点的行政管理体制，深化创新事中事后监管体制机制，优化信息互联共享的政府服务体系。

（二）贸易便利化

建成国际先进水平的国际贸易"单一窗口"。推动将国际贸易"单一窗口"覆盖领域拓展至服务贸易。建立安全高效便捷的海关综合监管新模式。深化实施全国海关通关一体化、"双随机、一公开"监管以及"互联网＋海关"等举措，进一步改革海关业务管理方式，对接国际贸易"单一窗口"，建立权责统一、集成集约、智慧智能、高效便利的海关综合监管新模式。深化"一线放开"和"二线安全高效管住"改革，强化综合执法，探索设立与"区港一体"发展需求相适应的配套管理制度。深入实施货物状态分类监管，研究将试点从物流仓储企业扩大到贸易、生产加工企业。

（三）投资便利化

建立更加开放透明的市场准入管理模式。实施市场准入负面清单和外商投资负面清单制度。在完善市场准入负面清单的基础上，对各类市场主体实行一致管理，全面深化商事登记制度改革，优化营业执照的经营范围等登记方式，推行全程电子化登记和电子营业执照改革试点，探索建立普通注销登记制度和简易注销登记制度相互配套的市场主体退出制度，开展"一照多址"改革试点，全面实现"证照分离"，深化"先照后证"改革，把涉及市场准入的许可审批事项适时纳入改革试点。

（四）金融放开

加强与国际（区域）金融中心建设的联动，积极有序地实施《进一步推进中国（上海）自由贸易试验区金融放开创新试点加快上海国际金融中心建设方案》以及其他自由贸易试验区金融中心建设的支持方案。加快构建面向国际的金融市场体系，建设人民币全球服务体系，有序推进资本项目可兑换试点。加强京津冀跨行政区金融合作的经验探索，推进粤港澳和海峡两岸金融合作的制度和业务创新。加快建立金融监管协调机制，提升金融监管能力，防范金融风险。

（五）法治化建设

自由贸易试验区积极探索通过地方立法，建立与试点要求相适应的试验区管理制度。强化自由贸易试验区制度性和程序性的法规规章建设，完善公众参与法规规章起草机制。完善知识产权管理和执法体制，完善知识产权纠纷调解和维权援助机制。对涉及法律法规调整的改革事项，及时强化法制保障，做好与相关法律立改废释的衔接，推进相关体制机制协同创新，并注意加强监管、防控风险。

五、小结

以文本抓取方式，从中国 11 个自由贸易试验区的总体方案和上海自贸试验 2 个深改方案中提取出自由贸易试验区制度创新的核心内容。通过进一步地筛选，设计一级指标：政府职能转变、投资便利化、贸易便利化、金融放开和法治化；二级指标根据上海自由贸易试验区《深改方案》进行选择性提取。形成自由贸易试验区制度创新图谱，见图 2 - 3。这个自由贸易试验区制度创新图谱可以转化为计算机模拟，形成自由贸易试验区制度创新清单数据库，政府管理人员和法人机构及公众可以通过政务网查询自由贸易试验区的相关信息。

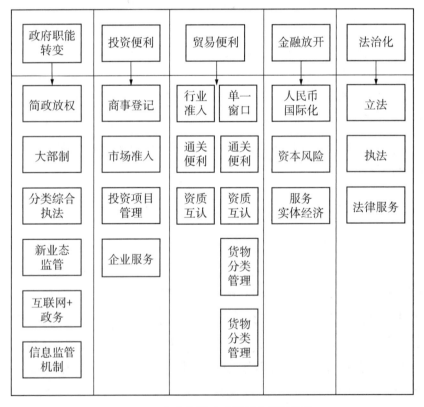

图 2 - 3　自由贸易试验区制度创新菜单

第三章 中国自由贸易试验区制度创新体系的实践路径

一、自由贸易试验区制度创新的动因

(一) 制度供给侧的外在动力

一开始政府直接介入制度创新活动并不是因为要供给有利于社会福利最大化的新制度安排，而是政府在面对开放经济中外部规则的激烈竞争时，认识到自身对外部规则的理解不利于保全自身的利益，所以，必须寻求新的外部规则。很明显，外部规则之间竞争的压力迫使政府不得不启动学习机制，通过学术交流、赴外参观等"请进来、走出去"的方式获得大量成功的制度安排的知识，并把它们转换成本土语言。这种模仿加创新的外部规则形成过程构成了外显的政府主导改革的过程。因此，中国的制度变迁过程中，政府直接介入创新活动的根本原因是寻求对自己更有利的外部规则。自由贸易试验区就是在我国构建对外开放型经济、对接国际投资贸易规则、融入全球新格局的外在压力背景下产生。

(二) 制度供给侧的内在动力

假定政府从事有利于社会福利的制度创新，而我们则视政府的行为是发现符合自身利益最大化的外部规则。一是给定特定的环境条件，外部规则的演化与社会福利增进可能兼容。在中国改革开放初期，由于旧体制下造成整个社会秩序都建立在外部规则的基础上，因而组织的利益也就是社会的利益。正是外部规则过大的覆盖面,使得政府发现外部规则的活动与社会福利改进兼容,而不是政府本身追求社会福利最大化。二是各级政府凭借其自身的资源优势可能会强制推行一些外部规则,迫使社会成员接受原本不愿接受的外部秩序。自由贸易试验区地方政府改革同时也是一个积极主动的行为过程,受升迁、竞争和自觉的综合影响,特别是发达地区的地方政府在高素质官员的自发引领下,不断寻求制度创新的突破点。

二、自由贸易试验区制度创新的体系

(一)自由贸易试验区政府职能转变的实践

1. 自由贸易试验区政府职能转变的主要内容

自由贸易试验区政府职能转变的载体见图3-1。

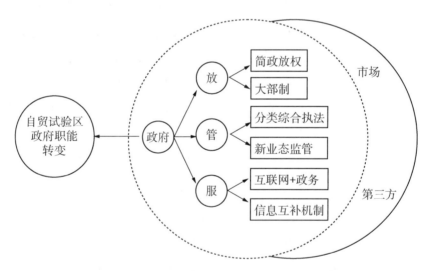

图3-1 自由贸易试验区政府职能转变的载体

(1)简政放权与职能部门优化。从政府职能结构来看,一是政府职能内容经历从简单到丰富的转变过程,职能总量随着时间的推移而不断增加。二是经济管理、市场监管和社会事务管理

3个不同职能领域之间量的相对变化,从偏重经济职能,对社会事务和市场监管重视程度严重不足,到开始对社会事务和市场监管予以较多的关注公共服务职能由浅入深,由单一到多元。自由贸易试验区地方政府从一个经济发展型政府开始向综合治理型和服务型政府转变。从政府职能的履行方式来看,政府从全面控制、计划指令向放松管理、宏观调控、加强监管和下放权力转变。例如,大规模减少行政审批事项,尤其是对经济生活的直接干预,加强对市场和社会事务方面的监管,将一些审批事项下放给下级政府等。政府对经济生活和社会生活的干预,试图从过去依赖单一的行政手段为主向综合运用法律手段、经济手段和行政手段等多种手段进行综合治理和调控转变。政府职能转变具有比较明显的阶段性和渐进式特征。

(2)监管制度改进与新业态监管模式创新。随着政府不断调整监管形式和监管内容,使得一段时间内政府的监管只能在以往监管的基础上逐步调整,逐步适应,逐步完善。对自由贸易试验区的监管过程中不但要解决以批代管、监管缺位的问题,还要落实部门监管的职责,建立批后的监管职责。同时,还要创新监管方式,即要更多地利用市场化、社会化、信息化、法制化、国际化的方式来加强监管,如实施信息公开机制、协同管理机制、综合性评估机制形成完整集中统一市场监管的综合执法体系。

在互联网经济、共享经济和自由贸易试验区对业态的放开三重动力之下,新业态会不断涌现。因此,自由贸易试验区政府在监管过程中不断增加服务内容是必须的,政府对自由贸易试验区实行动态管理也是很明显的。针对政府体制限制导致监管决策和执行的滞后,在自由贸易试验区综合监管中,要积极尝试引入第三方力量的参与监管。

(3)信息互联共享的政府服务体系优化。构建以企业需求为导向、大数据分析为支撑的"互联网+政务服务"体系。建立央地协同、条块衔接的信息共享机制。以数据共享为基础,再造业务流程,实现市场准入"单窗通办"和"全网通办",个人事务"全区通办",政务服务"全员协办"。探索建立公共信用信息和金融信用信息互补机制。探索形成市场主体信用等级标准体系,培育发展信用信息专业服务市场。

2. 自由贸易试验区政府职能转变的主要做法和成效

(1) 简政放权改革。自 2002 年中国第一轮行政审批改革以来,国务院分六批取消和调整了 2497 项行政审批事项。自由贸易试验区政府职能转变的重要体现就是大力推行行政审批改革。取消、删减、转移和调整一批市场准入前置审批事项;率先在自由贸易试验区推行"一口受理",与海关和银行实现登记受理对接;在国内率先实现企业登记注册"一照一码"条件下的"八照合一",并启用电子营业执照;探索放开企业登记经营场所的限制,为多家经过区相关部门审核备案的虚拟地址注册企业办理登记;率先在全国发出首张地税电子税务登记证,60%以上业务实现全流程网上办理。见表 3-1。对多个自由贸易试验区新创企业的访谈发现企业家对自由贸易试验区的商事登记服务态度、服务效率和服务成本评价特别高。

表 3-1 简政放权改革成效　　　　　　　　　　(单位:项)

领　域	南沙片区	前海片区	横琴片区	天津滨海新区	福州片区	平潭片区	厦门片区	上海浦东
行政审批削减 (取消、转移、备案数)	144	164	155	61	288	231	75	197
权力下放 (省市权力下放数)	60	22	182	426	528	263	438	163
行政机构整合 (机构整合数)	30	15	5	10	26	26	45	5

资料来源:截至 2017 年,根据各大自由贸易试验区网站和政府文本统计所得。

在政府架构优化重组方面,广东自由贸易试验区 3 个片区的管理机构代表了中国目前地方政府管理的 3 种模式。第一种是以前海管理局为代表的"法定机构"管理模式。按照市场化运作,人员面向全球招聘。第二种是以横琴管委会为代表的"大部制"改革。以精简机构形式，对原来的一级地方政府职能部门进行整合。第三种是以南沙新区政府为代表的"多套牌子、一班人马"，在原开发区、保税区、新区等基础上进行一定的组合，并增加自贸办公室。可以看出，前海管理局的市场化运作模式对标国际，应该是未来自由贸易试验区管理的一种趋势。见图3-2、图3-3、图3-4。

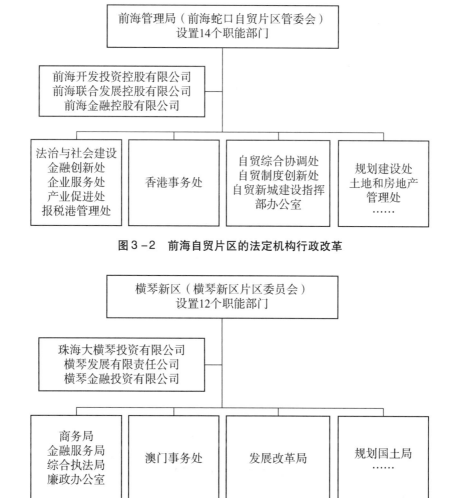

图3-2 前海自贸片区的法定机构行政改革

图3-3 横琴自贸片区的"大部制"

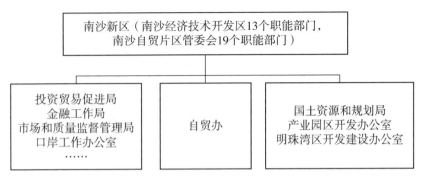

图3-4 南沙自贸片区的"多套牌子、一班人马"

（2）加强事中事后监管。自由贸易试验区按照"谁审批，谁监管，谁负责"的原则，建立商事登记认领通报制度，明晰监管责任；组建市场监督管理局和综合执法机构，试行"一支综合执法队伍管全部"；率先建设统一的市场监管信息平台，逐步实现相关部门监管信息的互通、交换和共享，为加强事中事后监管提供信息支撑；构建涵盖市场准入、经营行为、市场退出的企业信用监督指标体系，按照 A、B、C、D 4 个信用等级，对已登记的商事主体实施分类监管；推行企业年度报告和经营异常名录管理，对企业进行随机抽样和实地核查。见表3-2。

表3-2　事中事后监管成效　　　　　　（单位：项）

领　域	南沙片区	前海片区	横琴片区	天津滨海新区	福州片区	平潭片区	厦门片区	上海浦东
社会信用体系（系统企业用户数）	2200	57682	8477	134728	3096	12784	9234	33000
综合行政执法（结案率）	99%	36%	90%	96%	98%	90%	98%	91%
社会参与监督（行政公开数条项数）	874	1675	1230	34	304	65	514	432

资料来源：截至2017年，各大自由贸易试验区网站和政府文本统计所得。

（3）优化政府公共服务方式。自由贸易试验区积极借助互联网和电子技术媒介，广泛采用电子政务服务模式，大大提升了企业和个人的办事效率，节约商事登记及后续的缴费时间和成本。如南沙相继推出商事主体电子证照卡和提示清单，"微信警察""市民之窗"自助服务平台等一系列运用现代化信息技术的便捷服务终端。见表3-3。

表3-3　政府优化公共服务创新方式　　　　（单位：个）

领域	南沙片区	前海片区	横琴片区	天津滨海新区	福州片区	平潭片区	厦门片区	上海浦东
智能化（推出智能化工具数）	10	1	1	1	5	2	7	5

资料来源：截至2017年，各大自由贸易试验区网站和政府文本统计所得。

3. 自由贸易试验区政府职能转变存在的问题

（1）行政层级与权限约束。自由贸易试验区改革发展面临的问题，在某种程度上也是中国政府职能转变所面临的体制束缚的反映。同是广东自由贸易试验区中的南沙、前海和横琴片区分别隶属于3个不同的城市。对比广州、深圳、珠海3座城市，在政策实践上不尽相同。比如，深圳和珠海是特区，与中央政府的联系渠道比广州畅通，许多政策倡议可以绕过广东省政府，直接与中央沟通，推行较快；但广州需要经过省政府搭桥，才能与中央进行政策沟通。而省市的想法、利益也并非完全一致，广州的倡议会在省一级过滤，政府协调成本较大。税收分配上，广州每年税收有80%需上缴省，继而给中央，广州留存加之土地出让收入勉强维持财政支出；深圳作为计划单列市，每年税收收入70%~80%留存，随着自由贸易试验区利好带动的房地产价格上涨，也使政府的土地出让收入增加；此外，广州与深圳、珠海的历史包袱不在一个量级，广州是省会城市，省级部门、大量国企需要财政兜底，公共服务支出压力也比深圳和珠海大。这就能解释深圳和珠海在吸引人才相关补助标准要比广州优厚的原因。由此可见，四大自由贸易试验区均面临着不同程度的行政层级与权限约束问题。

一批行政权限尽管下放，但自由贸易试验区的权力还不足以开展全方位的制度创新。如涉及金融等高风险性领域及投资管理的敏感性行业，主要还是沿用"宏观审慎管理"，放开空间和力度受到一定的限制。目前，自由贸易试验区虽然获得部分省级和市级下放的权限，但在推动每一项改革措施仍需上级部门明确授权。比如，服务业市场准入管理机构架屋叠床，建设国际贸易"单一窗口"、金融创新方案由中央垂直管理部门主导，改革动力在条块联系中边际递减。自由贸易试验区的干部立足于实战一线，掌握了大量真实信息，但推动改革却需要个案授权，导致很多地方性精确需求得不到实现，对制度创新的动力和效率造成负面影响。

（2）行政机构通畅性不足。从横向堵点方面看：一方面，自由贸易试验区改革对同级各职能部门协作提出了新挑战。"一口受理"和"多证合一"等商事登记制度改革；"智能口岸"和"一口受理"等通关便利化推进；"一支队伍管执法"等事中事后监管均要求多部门之间的沟通和协调，而这种部门之间合作的通畅度仍需磨合。另一方面，政出多门现象仍有存在，自由贸易试验区挂牌后，各级政府和职能部门纷纷出台推动自由贸易试验区制度创新和经济发展的政策，种类和名目繁多，缺乏政策的系统集成，整理消化政策尚需花费较多精力。而目前的自由贸易试验区所属政府部门设置仍按照传统的行业管理方式，政出多门。比如，人才管理方面，有些自由贸易试验区片区的区委组织部主管高端人才，区财政局主管会计、司法局主管律师、人社局主管技工等；比如，涉及航运金融的制度创新推行，海关、海事局、金融局、相关海港集团等部门交叉协调难度大，政策难以落地。再比如，招商方面，尽管强化了专业职能部门对各自行业领域的专业化招商职能，但仍存在"文广新局负责旅游休闲项目的招商"此类不合理的地方。

从纵向堵点方面看：行政架构相对复杂，各个自由贸易试验区片区的行政架构不一。广东自由贸易试验区的3个片区中，前海蛇口片区为深圳—前海两层；横琴片区为广东省—珠海市—横琴新区管委会3层；南沙片区为广东省—广州市—南沙区（新区、自由贸易试验区管委会）—镇（街道）4层。与自由贸易试验区政府相关负责人访谈发现，自由贸易试验区招商引资权限在自由贸易试验区管委会所在区一级行政单位，行政架构问题在一定程度上会影响行政效率。上级部门对下级部门政策推进的通达性仍不强，"上有政策，下有对策"依然存在；下级上达一线实情也存在层级设置上的壁垒。自由贸易试验区的核心是制度创新，这要求政府转变职能、解放思想、树立标杆。但受到体制约束和行政架构等历史包袱的影响，制度创新的能动性未能得到最大限度地发挥。

（3）政策实施受到一定制约。对企业而言，政策针对性不强，自由贸易试验区某些企业反映"需要的政策给不了，给了的政策用不了"；对公众而言，政策普及性有待提升，政府没有设置专门发布、分类、解读自由贸易试验区政策的权威窗口；对地方政府而言，由于还未出台制度创新人才激励政策，干部在推行制度创新过程可能遭遇的风险不可控，免责和激励政策的缺失导致改革推行谨慎。从政策出台到落地的"最后一公里"还没有取得实质性进展。由于相应的制度创新人才的激励政策也缺失，导致很多制度设计停留在纸上，缺少配套的可行性方案。政策颁布后，如何执行，谁执行，谁监控，是否能执行，执行效果如何，有待细化明确。如在商事登记方面，虽然对登记制度进行了改革，但是，服务窗口便捷性不高，特别是预约前不审核相关资料，如果审核不通过又要重新预约，直接影响了行政效率，增加了企业时间成本。如外汇管理的隐性限制始终存在，如对非贸易付汇的限制，无法突破。

（4）市场化导向的改革机制没有得到更好地发挥。第一、二批四大自由贸易试验区均位于中国国际化程度较高的城市，厦门、珠海、深圳还具有特区的制度先行优势。如广东作为改革开放的前沿阵地,在保持传统的"无中生有"的优势,传承和深挖以"市场化导向"为改革动力的广东精神,继续依靠市场作为资源配置的基础性作用,将法制、竞争、专业和产权保护贯穿于招商引资的全过程,做到制度创新的全国性引领和示范作用仍未能充分发挥。

4. 自由贸易试验区政府职能转变的案例佐证

案例1 政府退出市场:新加坡自由贸易区监管与运营分离的合作体制

新加坡自由贸易试验区的政府管理体制主要分为两部分。国家财政部负责战略规划,根据地区发展需要设立自由贸易试验区;财政部部长可以依法制定某机构或公司作为自由贸易试验区主管机构或者经营机构。和国内自由贸易试验区最大的差异是新加坡所有的自由贸易区内都没有设置政府管理机构,而是由海关、民航局、港务局等直接部门监管,专业公司负责具体运营的政企分离管理模式。如空港自贸区——樟宜机场原来由新加坡民航局负责管理运营,2003年,新加坡民航局进行重组,把监管职责和机场运营职责分离,设立了樟宜机场集团负责机场运营,新加坡民航局则专注于战略制定和监管。这样的好处是机场自贸园区基本脱离了行政干预,市场化程度高,灵活性和积极性高。

案例2 政府行政体制改革:前海管理局的全球化、企业化、市场化用人机制

2010年,深圳前海深港现代服务业合作区管理局依据《深圳经济特区前海深港现代服务业合作区条例》设立,实行企业化管理、不以营利为目的,履行相应行政管理和公共服务职责的法定机构,具体负责前海合作区的开发建设、运营管理、招商引资、制度创新、综合协调等工作。前海深港现代服务业合作区因此成为中国首个以法定机构模式主导开发治理的区域。

前海管理局根据市政府确定的院长可以自主决定机构设置、人员聘用和薪酬标准。实行企业化、市场化的用人制度，与工作人员签订非公务员编制的劳动合同。员工来源较为多元化，不限身份和国籍。灵活的用人机制和具吸引力的薪酬待遇有利于前海管理局储备一批高素质的行政管理人才，以应对自由贸易试验区制度创新之需。2016年8月，前海管理局进行了成立以来最大规模的人才招募行动，面向全球，尤其是港澳台地区招募23个中层管理岗位人才。这些岗位多为专业性岗位，岗位包括金融创新处副处长、法治研究岗、深港合作岗、政策创新研究岗、国际经贸规则研究岗、保税政策研究岗、土地管理岗等。列举专业性岗位的招聘特点见表3-4。

表3-4 前海管理局的市场化招聘

岗　　位	岗 位 职 责	学历要求	专业要求	与岗位有关的其他条件
金融创新处副处长	主要负责金融创新政策研究及政策落地，推动前海金融产业集聚，构建前海金融风险防控体系，对接协调金融主管部门和"一行三会"驻深圳部门等工作	硕士或以上	金融、经济学等专业	45岁以下（含45岁），3年以上"一行三会"或其驻地方"一行三局"或副省级以上地方金融办工作经验，现任副处级满1年或任正科级满3年，具有较强的金融政策水平和文字表达、沟通协调能力
法治研究岗	主要负责推进前海蛇口片区法治建设工作，开展法治示范区建设相关调研和深化应用，完成法治示范区综合材料撰写等工作	硕士或以上	法学	35岁以下（含35岁），3年以上相关岗位工作经验，取得法律职业资格证书

续上表

岗 位	岗 位 职 责	学历要求	专业要求	与岗位有关的其他条件
深港合作岗	主要负责研究国际及港澳形势动态，拟订深港合作工作建议和计划，联系上级港澳主管部门及港澳各界团体，深化深港服务业合作，对接前海蛇口自贸片区咨委会等工作	硕士或以上	国际经济、国际关系、国际传媒等专业	35岁以下（含35岁），4年以上相关岗位工作经验，中等专业技术职称及以上，英语、粤语流利
国际经贸规则研究岗	主要围绕自由贸易试验区中心工作，学习借鉴国内外自由贸易试验区国际经贸先进经验，研究安全审查和反垄断审查协助机制，提出与国际接轨的、适合在自由贸易试验区进行试验的投资贸易规则，拟订制度创新载体建设方案，推动自由贸易试验区各项创新制度的落实，协助对"一带一路"国家和地区的对外交流和经验输出	硕士或以上	国际贸易	35岁以下（含35岁），2年及以上相关岗位工作经验，具有坚实的金融、经济、管理等理论基础，熟悉国家经济领域方针、政策和法规，了解中国经济及世界经济的发展趋势，有省级政府部门、科研院所、重点高等院校及知名企业政策和理论研究经验者优先，英语流利
政策创新研究岗	主要围绕自由贸易试验区中心工作，学习借鉴国内外自由贸易试验区先进经验，对自由贸易试验区制度创新的重点、难点问题进行研究谋划，与国家、省、市有关部门沟通协调，推动自由贸易试验区各项创新制度的申报及落实	硕士或以上	法学	35岁以下（含35岁），3年及以上相关岗位工作经验，具有坚实的金融、经济、管理等理论基础，熟悉国家经济领域方针、政策和法规，了解中国经济及世界经济的发展趋势，有省级政府部门、科研院所、重点高等院校及知名企业政策和理论研究经验者优先，英语流利

续上表

岗 位	岗 位 职 责	学历要求	专业要求	与岗位有关的其他条件
保税政策研究岗	主要负责系统研究自由贸易试验区框架下的保税港区政策和制度创新,及时掌握中国四大自由贸易试验区发展情况,定期形成分析报告,提出工作建议。对接局自贸板块相关处室有关工作	硕士以上	不限	35岁以下(含35岁),3年以上相关岗位工作经验,熟悉国际和国内自由贸易试验区以及中国海关特殊监管区域情况,具备较强的学习研究、语言表达和文字处理能力

由本次前海管理局的几个专业岗位的招聘要求可以看出,市场化运作机构比政府的传统公务员招录要灵活和精准。传统公务员招录对专业和额外要求较少,导致进入政府后公务员业务能力应对不了自由贸易试验区的压力测试要求。前海管理局的招聘效果还需数年才能体现,但若前海管理局的市场化招聘人才素质和工作能力和效果远高于传统政府单位的,无疑前海将形成一个可复制推广的创新案例——以自由贸易试验区为试点,统一改革管理委员会为法定机构,工作人员采用全球化、市场化、专业化招聘。

案例3 政府行政架构优化:上海陆家嘴金融城从自由贸易试验区管委会转变为国资委控股的法定机构

1990年,陆家嘴金融贸易区成为国务院批准的国家级开发区中唯一以"金融贸易"命名的开发区。2009年,陆家嘴被确认为上海打造国际金融中心的核心区域。2010年1月12日,陆家嘴功能区域管委会被撤销,成立了陆家嘴金融贸易区管委会。2016年8月24日,陆家嘴金融城理事会、陆家嘴金融城发展局已经正式挂牌。8月25日,陆家嘴金融城发展局全面运营,将取代陆家嘴金融贸易区管委会,成为陆家嘴地区的公共管理服务机构。这标志着陆家嘴金融城的管理部门正式由政府机构转变为法定机构，具有独立法人资格。

陆家嘴金融发展局作为公共管理服务机构，通过企业化、专业化运作，实施和协调陆家嘴金融城（陆家嘴金融贸易区）区域内的公共事务，组织和落实业界共治的相关事项。主要职责包括负责金融城发展规划的制定和实施，负责经济发展和投资促进，推动各类总部机构集聚以及鼓励各类要素市场创新等。

陆家嘴金融发展局股东为浦东新区国资委；实行区人民政府领导下的局长负责制，局长兼任执行董事；发展局采用市场化的用人机制和薪酬体系，实行职位分类管理；发展局的运营经费主要来源于区人民政府购买服务经费、发展局的资产收益和经营收入等。

此外，陆家嘴金融城理事会同时成立，诸多金融机构都成为理事单位，参与陆家嘴金融城治理。陆家嘴金融城理事会第一届理事成员共有124家单位，包括交通银行、上海证券交易所、陆家嘴集团以及浦东金融局在内的26家常务理事单位。此外，支付宝和万达金融等注册地在陆家嘴的金融企业也出现在了理事成员名单之中。理事会将定期召开会议，听取和评议发展局年度工作，参与金融城发展规划、改革创新、营商环境优化、品牌推广等重大事项的讨论和决策。理事会设秘书处，为理事会的执行机构，秘书处设在发展局。

陆家嘴金融城发展局的成立标志着上海自由贸易试验区在政府职能转变上的又一次新的改革——在国内率先探索从单一的政府管理转向多元参与的区域治理模式。陆家嘴这一"业界共治+法定机构"的模式是否会成为以后上海其他开发区的标配还需时日。在陆家嘴金融城发展局成立后，作为公共管理服务机构，如何处理好与区内开发公司——陆家嘴集团的关系尤为重要，因为掌握物业资源的是开发公司，而不是金融城发展局。同时，这次政府职能转变可以看出是一次渐进式的转变，自由贸易试验区的管理仍然不是完全的市场化，而是通过政府派出的法定机构（国有企业）的形式设立，局长仍然是体制内派出的领导。

案例4 政府流程再造——"企业专属网页"

"企业专属网页"是由广州南沙片区发起，成功在广东省推广的全国首个面向企业的电子政务定制系统。通过整合和优化广东省网上办事大厅业务流程，为自由贸易试验区内每个企业提供一个独有的可配置、可定义的专属网页。企业专属网页专门为区内法人用户提供在线办事和服务平台。

通过整合工商、国土、商务、税务、建设、卫生、环保等职能部门，将企业专属网页与网上办事大厅、政府职能部门业务申办受理系统进行对接整合。各类行政审批事项，不需要在各行政部门多个电子政务平台之间反复切换以及重复登录。

通过企业专属网页，政府各相关部门可根据企业类别为其提供各类政务信息的个性化推动，包括企业资料管理、办事进度、大厅办事指引、信用信息查询等特色服务。

通过数据共享，对企业实施信用监管。企业信用信息数据在企业专属网页中实现共享共用。各政府部门可以通过企业专属网页后台的企业信用管理分析系统，对存在失信或有信用风险的企业实施跟踪检查和重点防控。

截至2016年年底，广东自由贸易试验区已经为区内20万家企业开通企业专属网页，基本实现了区内企业全覆盖。通过科技化地植入，整合和优化政府的办事流程，不仅提升了企业申办行政事务的便利性，还提升了政府事中事后监管的精准性和有效性。

案例5 政府服务模式优化——南沙"微警"

根据微信大数据分析，群众通过微信办理的政务服务事项80%涉及公安，其中70%集中在交通违法、身份证补换领和港澳签注等业务上。广州南沙片区地域面积大、群众居住分散，群众对网上办事，尤其是掌上服务需求很大。南沙公安分局根据这一区情，大力推进互联网+警务服务，通过与微信、支付宝以及市局相关职能部门联合研发了"微警"服务平台。

"微警"是一个轻量综合型警务服务平台，通过在微信设立前端"窗口"，后端接入公安业务部门数据资源，联通政府财政非税务和移动支付平台，开发出覆盖交管、户政、出入境与群众联系最为紧密的三大警务服务窗口业务。一是交通违法查办业务，群众可通过"微警"微信公众号或支付宝服务窗口，或在上述应用平台中的《本地城市服务》栏目，进入"交通违法查办"版块找到"微警"，快速核验身份并绑定驾驶证，即可实时查询行驶证、驾驶证状态与违法记录，一键确认罚单并使用微信支付缴纳罚款，即刻解档，30秒办结业务。二是户政版块的身份证补换领业务，民众在线下拍照、录指纹，线上即可使用微信支付缴纳费用，并实时获取业务办理进度，随后领取新证。三是出入境版块的往来港澳通行证再签注业务，民众可在线上申请、审核、缴费，通过后使用线下制证设备制证。

目前，"微警"实名注册用户150万多人，办结各类公安政务服务三十余万宗，有效查询量超过4000万次，代收财政非税资金共计2亿元。以往需要前往公安机关办事大厅、银行柜台进行的操作，转移到群众经常使用的移动应用平台上进行，实现"轻触即达"。通过互联网技术与公安便民业务之间无缝对接，在便利群众办理传统业务和提高警务工作水平的同时，还有利于提升公安机构的社会口碑和形象。

"微警"平台应不断拓展应用领域和服务功能，争取省厅"互联网+公安政务服务"示范基地落户南沙。以外来人口管理、出租屋管理、公共交通管理等为切入点，借助互联网收集大数据，为公安工作提供支持，实现网络可信身份认真与社会治安管理的创新融合。

(二) 自由贸易试验区投资便利化的实践

1. 自由贸易试验区投资便利化的主要内容

根据《APEC 投资便利化行动计划》，投资便利化是指政府采取的一系列旨在吸引外国投资，并在整个投资周期的每个阶段上使其管理更加高效的行动或做法。TPP（trans-pacific partnership agreement）则更进一步地将投资便利化看作准入和前国民待遇问题。一系列的仲裁、征收机制的国际化惯例则都是更加细化并具有针对性地应对了投资者保护过程中的便利化问题。在中国的制度和惯例体制机制框架下，针对外商投资过程的完整的市场监管基本可分为从"市场准入"到"商事登记"再到"投资备案管理"3个步骤。对国内企业的对外投资主要是投资备案管理和企业"走出去"服务。可以说，中国的投资便利化具有明确的路径指向性。见图3-5。

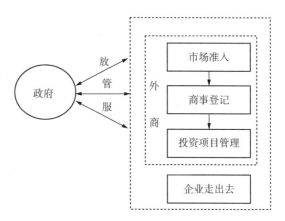

图3-5 自由贸易试验区投资管理制度创新的内容

（1）基于负面清单的外资准入制度。负面清单是相对于正面清单的概念，是一种"不列入即开放"的模式，亦即"法无禁止则可为"。在国际投资中，外资项目只要属于负面清单中未明确具体限制措施的，无须政府再明示批准，即可进入本国市场享受与国内企业同等国民待遇。负面清单管理制度源于国际经济法体系，作为国家间缔结的自由贸易协定中例外条款的附件而存在。它明确列举缔约国开放市场、允诺保护待遇的例外措施或负面规定，因此，被称为负面清单（龚柏华，2013）。见图3-6。

图3-6 投资准入管理模式

在国（境）外，负面清单的具体内容应涵盖投资管理的所有环节，不仅限于市场准入层面。作为"准入前"国民待遇条款的例外规定，负面清单管理制度的适用范围与该条款一致。因此，负面清单应当适用于投资设立、扩张、管理、经营、处置等准入前、后的所有阶段。而在中国，负面清单暂时只作为市场准入的规制。在中国实施自由贸易试验区战略的过程中，负面清单成为深化市场准入制度改革的重要突破口，是全面深化改革的重要内容之一。

正面清单模式虽然有利于东道国施政空间的保留和国内弱势产业和新兴产业的保护，但对于完全自由化的市场环境形成有很大的制约。负面清单则更有利于国际投资便利化的促进，但与此同时，负面清单将使发展中国家国内市场的新兴服务部门遭遇冲击。出于对国家国计民生安全、本国产业/企业发展的扶持和保护、国家参与国家贸易竞争力培育等角度的考虑，负面清单涉及领域多为国家经济安全的战略性、敏感性行业以及产能过剩行业。

（2）高效便捷的商事登记改革。在企业登记方面，探索企业登记住址、企业名称、经营范围登记等改革，开展集中登记试点。在企业准入登记环节，企业准入"单一窗口"从企业设立向企业工商变更、统计登记、报告报检单位备案登记等环节扩展，逐步扩大"单一窗口"受理事项范围。开展电子营业执照和企业登记全程电子化试点工作，实行工商营业执照、组织机构代码证和税务登记证"多证联办"或"三证合一"登记制度。在企业登记流程上，推进"先照后证"改革，探索许可证负面清单管理模式。在企业登记简化企业注销流程上，试行对个体工商户、未开业企业、无债权债务企业实行简易注销程序。

（3）企业投资审批机制与行业管制。在负面清单准入的基础上，企业可自由进入非标明的领域进行投资，但是，作为主体市场活动的重要组成部分，企业的市场行为依然需要受到市场监管。在中国传统发改项目审批的背景下，在市场准入后，投资项目还需要面对项目审批等一系列较为严格的监管审批。由于在准入后市场环境和监管模式的不同，造成了一系列所谓的"大门开了，小门没开"的问题。对此，自由贸易试验区试行了与负面清单准入模式相适应的备案制管理。备案制是企业主动向监管机构备案，向监管机构定期更新企业经营信息。监管机构根据企业信息纰漏、企业合规经营抽查和检举情况，构建合规经营的诚信清单。政府和社会大众等第三方可以根据诚信清单将审批制监管模式转变成事中事后监管。在此过程中合规企业能够获得更大的自由度，监管也能够得到第三方的有效支持。投资项目审批和行业监管能够有机结合，监管成本更低，监管方式更灵活。备案制管理是审批监管模式向事中事后监管转型的标志性成果。

2. 自由贸易试验区投资便利化的主要做法与成效

（1）市场准入——负面清单管理模式。自由贸易试验区在全国率先实施负面清单的投资管理模式。2013年，上海自由贸易试验区推出全国首张负面清单，外商投资准入特别管理措施有190条；2014年6月，第二版负面清单制定，外商投资准入特别管理措施减少至139条；2015年5月，国家推出第三版负面清单，特别管理措施进一步压缩至122条，4个自由贸易试验区共用一张负面清单；2016年9月，全国人大常委会表决通过了关于修改外资企业法等四部法律的决定,外商投资将实行准入前国民待遇加负面清单管理模式,为全面推行对外商投资全面实行负面清单的管理模式奠定了法律基础;2017年6月,第四版负面清单发布,将于2017年7月10日起开始实施,第四版《自由贸易试验区负面清单》划分为15个门类、40个条目、95项特别管理措施,与第三版相比减少了10个条目、27项措施。2017年6月28日,《中国(上海)自由贸易试验区金融服务业对外开放负面清单指引(2017年版)》在上海颁布。

此外,启动市场准入负面清单制度试点。2016年上半年率先启动改革,将自由贸易试验区外商投资准入负面清单和市场准入负面清单两个清单结合起来,探索建立统一的市场准入制度。同时,探索建立与实施市场准入负面清单相配套的准入机制、审批体制、监管机制、社会信用体系和激励惩戒机制、信息公示制度和信息共享制度。

自由贸易试验区市场准入的改革成效见表3-5。

表3-5 自由贸易试验区市场准入的改革成效

自由贸易试验区	市 场 准 入
上海	2013年9月推出全国首张负面清单;2016年上半年启动市场准入负面清单试点,开展药品上市许可持有人制度试点。2017年6月颁布《中国(上海)自由贸易试验区金融服务业对外开放负面清单指引(2017年版)》
天津	2015年5月完成首家外商投资企业备案
福建	2015年5月完成首批外资企业备案证明,2016年8月制定《福建省开展市场准入负面清单制度改革试点总体方案》
深圳前海蛇口	2014年6月出台《前海深港合作区外商投资企业准入特别管理措施(2014年)》,实施动态管理
广州南沙	对内外资投资统一实施负面清单管理制度
珠海横琴	结合4个自由贸易试验区共用的外商投资负面清单和CEPA协议,制定对港澳的负面短清单,比现有的外资准入负面清单缩短30%

（2）商事登记制度改革。实施注册资本认缴制。在上海自由贸易试验区率先实行，工商部门登记公司全体股东、发起人认缴的注册资本或认购的股本总额（即公司注册资本），不登记公司实收资本；公司应当将股东认缴出资额或者发起人认购股份、出资方式、出资期限、缴纳情况通过市场主体信用信息公示系统向社会公示。2014年3月1日起，工商总局向全国复制推广。

企业准入"单一窗口"制度。积极整合行政审批服务模式，设立"行政审批局"。推行"一个部门、一个窗口集中受理"，为新设内资企业提供"三证一章联办"服务，外资注册从"五证联办"向"七证联办"联办拓展。目前，包括第三批自由贸易试验区在内，在"单一窗口"受理方面建设均开展得较早，改革相对成熟且效果明显。

深化"先照后证"改革，开展"证照分离"试点。2015年年底，国务院批复《上海市开展"证照分离"改革试点总体方案》，该试点已经在2016年4月1日推行。试点内容可概括为"5+1"，"5"是指根据许可事项的不同情况，采取取消、备案、告知承诺、提高透明度、加强准入管理5种改革方式，选择与企业经营活动密切相关、审批频次比较高、改革后效果比较明显的116项行政许可事项进行改革试验，2016年下半年计划将76项经济领域许可事项全部纳入改革议程。"1"是指探索建立信息互联共享、证照监管协同、诚信自律结合、行业社会共治、风险预警及时的综合监管体系，提高监管效能，上海市企业信用信息公示系统已开通。见表3-6。

表3-6 自由贸易试验区商事登记制度的改革成效

自由贸易试验区	商 事 登 记
上海	实行注册资本认缴制；企业准入"单一窗口"制度；深化"先照后证"改革，开展"证照分离"试点；率先试点简易注销登记改革，对个体工商户、未开业企业、无债权债务企业试行简易注销程序

续上表

自由贸易试验区	商 事 登 记
天津	"一照一章、一票一备案、一日办结",简化清算组成员备案登记的程序,使申请企业向登记机关申请注销登记,没有时间限制,企业在申请简易注销登记时,无须再提交注销公告凭证、清算报告、营业执照遗失公告等材料,进一步简化了企业注销登记的提交要件
福建	企业设立实行"一表申报、一章审批、印章即刻、当日办结"模式;率先推出"三证合一、一照一码"登记制度,进一步推行"五证合一";实行企业注册"全程电子化登记",试点发放电子营业执照;率先试行企业联络地址登记制度;实行商事主体名称"自助查重、自主选用"制度;在全国首推外资企业直接登记证;对区内新设的未开业或无债权债务的企业,且未列入企业信用信息公示系统经营异常名录或"黑名单"库中,试行简易注销登记,免于办理注销企业清算组备案登记,并将公告的公示时间从45天缩短至10天
深圳前海蛇口	对外商投资实行"一口受理、多证联办"模式,使外资企业准入和经营许可的办理时限由原来超过20个工作日压缩至3个工作日
广州南沙	率先推行"一口受理"和"一照一码"新模式,实现"十三证三章"联办,市场准入联办证件数量和速度全国领先,企业申请人只需往返政务中心窗口两趟、一次递交材料,即可在24小时内完成开办企业全部手续
珠海横琴	在率先推出"商事主体电子证照卡"和"商事主体电子证照银行卡",具备"一卡通"功能,身份认证、信用资信查询、金融服务均可一卡办理;实施商事主体登记窗口与银行营业网点一体化;实行企业注册登记业务"关区通办";在全省率先启动"证照分离"改革试点

(3) 投资项目管理——由核准制改为备案制。在外商投资领域,对负面清单之外的领域,按照内外资一致的原则,将外商投资项目由核准制改为备案制(国务院规定对国内投资项目保留核准的除外),备案全程网上办理,即时完成。2014年6月17

日，国家发改委将外商投资备案制向全国复制推广。在境外投资领域，一方面实施境外投资项目备案管理制度，企业境外投资除重大项目和敏感项目外，其他项目一律适用备案管理。2014年5月8日，国家发改委向全国复制推广。另一方面实施境外投资开办企业备案管理制度，从2014年10月6日起，商务部在全国复制推广。见表3-7。

表3-7 自由贸易试验区投资项目管理制度的改革

自由贸易试验区	投资项目管理
上海	由核准制改为备案制，简化外资进入流程，体现在对外商投资广告企业项目实施备案管理模式、允许外商经告知承诺后投资技能类培训机构，实施境外投资项目、企业备案管理制度
天津	三片区成立行政审批局，实现"一颗印章管审批"；设立综合受理"单一窗口"，实现"一次报件、综合受理、一证办结"，审批全流程便利化服务，将审批效率提高了75%
福建	将投资项目从立项到竣工验收涉及的所有审批事项合并为26项，并统一调整为规划选址与用地、项目核准或备案、设计审查与施工许可、统一竣工验收阶段4个办理阶段，每个阶段均实行"一表申请、一口受理、并联审查、一章审批"的"四个一"运行模式；实行土地出让在线办理模式
深圳前海蛇口	在全国率先取消"户外广告登记证"
广州南沙	试点简易注销程序改革，对于未开业企业或者无债权债务的个体工商户、个人独资企业可申请简易注销登记，企业申请简易注销登记的，登记机关不再要求企业办理清算人员备案和提交清算报告 对投资负面清单以外领域的项目（企业），统一实施备案管理，制定了相应的备案管理实施办法；实行备案文件自动获取制
珠海横琴	社会投资类工程项目施工许可办理流程整体提速，全过程办事手续压缩40%以上，整个报建运作周期缩短30%

(4) 投资服务——服务创新投资和企业"走出去"。首先，出台金融配套措施促进境外投资便利，在资金环节、跨境投融资业务、外汇管理方面，提供政策便利。其次，搭建"走出去"综合服务平台，如"中国（上海）自由贸易试验区境外投资服务平台"。最后，提供创新创业服务支持。推出"政务服务窗口无否决权"改革。一线服务人员受理各项业务时，只能说"行"，不能说"不行"。与此相呼应，建立报批、报备、报信三大机制，第一时间了解市场需求，从企业诉求中发现制度缺陷，找到制度创新的突破点。制订扶持小微企业创新的专项计划。主要为新创企业投资提供行业规范化监管和税收服务创新。如上海自由贸易试验区发布了《浦东新区"小微企业创新创业基地城市示范"实施方案》，依托财政专项资金，鼓励社会资本参与天使阶段的投资，政府按照投入总量给予一些奖励，分摊天使投资机构在投资小微企业初期的风险。广东自由贸易试验区前海片区和横琴片区针对港澳青年投资创业制定了较为完善的政策支持服务。见表3-8。

表3-8 自由贸易试验区投资服务的制度优化

自由贸易试验区	投资服务
上海	（1）服务企业"走出去"：出台金融配套措施促进境外投资便利，中国（上海）自由贸易试验区境外投资服务平台、中国（上海）自由贸易试验区境外投资推进暨服务联盟 （2）创新创业服务：推出"政务服务窗口无否决权"改革，制定扶持小微企业创新的专项计划，试点设立的离岸创新创业基地 （3）税收服务创新：全面实施"办税一网通"
天津	（1）服务企业"走出去"：建设中国最大的海外工程出口基地，搭建自由贸易试验区跨境投融资综合服务平台 （2）创新创业服务：全国首创政府动态跟踪式服务体系
福建	创新税收服务：推行"一掌通"3A移动税务平台，在全国首推税控发票领用全流程网上办理，推行税收服务自助双向电子取件模式，涉税电子文书网上送达服务

续上表

自由贸易试验区	投 资 服 务
深圳前海蛇口	（1）创新创业服务：深圳海关实施前海蛇口片区企业重点培育计划，建立企业协调员制度；推动企业专属网页建设，引入香港公司注册处等部门企业办事网页设计理念，为企业提供许可证办理"一门式"多种服务 （2）税收服务创新：全面推广无纸化办税
广州南沙	（1）创新创业服务：推动企业专属网页建设，国际贸易"单一窗口"2.0版已与网上办事大厅对接 （2）税收服务创新：全流程"电子税务局"、国地税"一窗通办"，单证齐全的一类出口企业2日内办结退税；代开专用发票邮寄配送服务
珠海横琴	（1）创新创业服务：制订市场违法经营行为提示清单；推动企业专属网页建设，施工许可类事项手续压缩了40%、运作周期缩短了30%，开发完善手机客户端 （2）税收服务创新：推行小规模纳税人简并征期，独创V-Tax新型办税服务模式，创新"开票易"电子发票服务

3. 自由贸易试验区投资便利化推行遇到的问题

（1）负面清单管理与审批体制机制创新不足。负面清单管理仅仅是管理模式的一种表现形式，还需要与负面清单管理相配套的一系列体制机制改革。这就需要在中国原有发改项目审批制度的基础上，做进一步的项目审批体制机制创新和市场监管创新。对此，目前自由贸易试验区正在逐步推行备案制改革。2015年6月，国家发改委对《政府核准和备案投资项目管理条例》（征求意见稿）向社会公开征求意见，条例规定除关系国家安全和生态安全，涉及全国重大生产力布局、战略性资源开发和重大公共利益等项目按规定核准外，企业投资项目应当实行备案制。依法办理城乡规划、土地使用、环境保护、资源利用、安全生产等相关手续。实行备案管理的企业投资项目，项目单位应当通过在线平台提交项目备案申请。除产业政策禁止发展，或者依法应报核准或审批的项目外，项目备案机关应当在5个工作日内予以备案。项目单位违反本条例及其他相关法律法规，相关信息列入项目异常信用记录。

备案制是与负面清单管理模式相适应的投资项目核准制度，在外资和内资准入两张负面清单改革和制定更短的负面清单的发展导向下，自由贸易试验区需要在现有项目备案制的基础上进一步明确与负面清单相适应的投资项目备案制改革试点的广度和深度。审批和监管的透明度、对事权下方需求、权责划分、应急决策机制以及与负面清单改革相适应的动态调整需求都需要进一步明确。

（2）"单一窗口"建设与部门权责需进一步改革。早在2004年，《国务院关于投资体制改革的决定》中就提出了"对于企业不使用政府投资建设的项目，一律不再实行审批制，区别不同情况实行核准制和备案制"的投资体制改革思路。然而，备案制改革也仅仅是投资便利化政府服务领域的一个核心环节，企业项目投资还需要依法办理依法纳税、城乡规划、土地使用、环境保护、资源利用、安全生产等相关手续。虽然中国绝大多数城市已经试行政府办视窗口集中办理多年，2015年各自由贸易试验区还提出了"单一窗口""一门"和"一章"等改革发展思路。但是，"单一窗口"和"一门受理"在足够覆盖投资项目的相关审核内容的基础上，行政冲突和行政法理念就会遭受到一定的冲击，需要通过部门协调、整合、管理权责改革等手段进行深度体制机制改革。

4个自由贸易试验区的办事大厅已经做到了统一收件，企业办事效率得到了极大限度地提升。由于相关审批在统一收件后的流程已经较为成熟，所以，目前权责相对明确。而"大审批、大监管概念"审计的权责问题还需进一步在实践工作中探索，目前的四大自由贸易试验区并未系统建立政府服务改革的企业反馈机制，这也是各自由贸易试验区在政府服务改革过程中需要重点关注的问题。

（3）负面清单管理与内外（含港澳台）资差异。2015年

5月，《自由贸易试验区外商投资准入特别管理措施（负面清单）》和《自由贸易试验区外商投资备案管理办法（试行）》正式实施，4个自由贸易试验区共享一张负面清单。全面施行外资准入的负面清单管理，在清单以外的外国投资者项目审批权限也逐步下放到新区层面。随着外资项目审批权限的下方和改革的稳步推行，针对内资（主要针对民资）的负面清单管理呼之欲出。目前，自由贸易试验区已经开始试点针对内资的市场准入负面清单，以及与"两张负面清单"相适应的备案制管理模式。"两张负面清单"的差异以及进一步缩表问题是负面清单管理的一个重要议题。

除此之外，外资准入的负面清单管理与 CEPA（closer economic parthership arrangement）不同，CEPA 有更明显的正面引导特点，也就是说 CEPA 的理念和对港澳的鼓励政策仅能够在外资负面清单中部分体现。如轨道交通设备制造、汽车制造、管网设施、水上运输、道路运输、电信传输服务、互联网和相关服务中的部分内容、金融服务和专业服务等均有对港澳资进一步开放的空间。对港澳资开放的尺度和标准可以参考针对内资的市场准入清单，但具体内容需要在针对内资的市场准入清单试验取得成效后，根据港澳资的实际诉求以及具体情况确定。也就是说，在粤港澳融合发展和 CEPA 框架下，如何针对内资准入标准制定更符合粤港澳融合使命的港澳（台）资市场准入清单是负面清单管理的另一个市场准入的改革点。

（4）投资环境改善滞后于投资便利化改革。OECD（organization for economic cooperation and development）促进投资便利化工具箱中也明确提及了投资环境改善的问题。各类投资便利化将市场要素获得的便利性和市场结构也纳入重点考虑范畴，一方面，体现出了市场要素获得的便利性对于投资便利化的重要性；另一方面，更加体现了市场投资环境在投资便利化中的重要作用。政府服务是投资便利化和市场投资行为的硬门槛，在企业获得主体资质并进行项目投资后期，投资便利化中市场环境或投资环境的重要性就得到凸显。

目前，各自由贸易试验区改革较为注重"硬门槛"问题，这也是投资便利化改革起步阶段改革的重点问题，然而，目前投资便利化中市场环境或者投资环境的"软门槛"问题才是自由贸易试验区各片区之间的最大差异。自由贸易试验区在证照分离、简化市场主体登记程序、简易注销、无纸化网上审批、"一门式、一网式"服务、项目审批和备案标准化、办税电子平台、全过程导办服务等方面都取得了较大成效，但是，在大数据企业信息公开、综合执法整合等"大审批、大监管"改革方面还需要进一步完善。

4. 自由贸易试验区投资便利化的案例佐证

案例1　韩国仁川自由经济区——比内资更宽松的外资进入门槛

韩国针对外资的准入管理既有多边模式也有双边模式。韩国自由经济区的建设发展以政府为主导，具有明显的"东亚特色"，因此，对中国自由贸易试验区的投资便利化改革有借鉴意义。为进一步吸引外资，服务自由经济区的建设发展，2003年8月，韩国政府颁布了《经济自由区域的指定以及运营法律》，自由经济区陆续建立。韩国的自由经济区为外商投资提供了良好的"一站式"服务和体验式服务。为吸引外资，韩国政府对进驻自由经济区内的外资提供了相对内资更开放的准入行业门槛，如针对外国人的博彩业等。在众多自由经济区中，仁川自由经济区建设较早，2011—2015年连续5年经济绩效评价排名第一。2015年全年外商投资12.6亿美元，占全国（境）外商投资的88%，取得了较大的建设发展成效，具有比较高的代表性。

仁川自由经济区的建设发展彰显国际化元素。为突出仁川自由经济区的国际规划理念，仁川自由经济区鼓励外国投资者直接参与开发仁川自由经济区的建设项目，并且仁川自由经济区引入了浦项建设作为松岛片区的主要开发建设主体与之相配套，向全世界招标国际顶级规划建设主体，盖尔国际（Gale International）共同服务仁川自由经济区开发建设。在仁川国际机场附近，开放博彩业，设立博彩机构，准许外国公民参与博彩活动。在自由经济区内开放广播和电视领域。对外重点开放教育、医疗等服务行业，允许外国法人在特区内设立外国人专用的医院和药店。允许外国大学在经济特区内设立分校，为韩国培养国际化的人才。仁川自由经济区内已引进了包括纽约州立大学石溪分校、犹他州大学和南加州大学在内的一批世界级名校。

案例2　福建平潭片区行政审批局的投资管理体制改革"四个一"

按照《中华人民共和国行政许可法》的规定，福建省人民政府在平潭片区设立行政审批局。所有审批事项均由行政审批局牵头办理，并采取统一的办理流程。对投资建设项目涉及的所有审批事项均实行"一表申请、一口受理、并联审查、一章审批"的"四个一"运行模式。投资建设项目按照"四个一"模式运作，在每一阶段，各职能部门按其分工依法行使行政许可审核权限。在不违反国家相关证照管理规定的前提下，投资者可在每个阶段取得相应的"综合审批决定书"。因投资实施需要，投资者可以凭"综合审批决定书"到行政服务中心窗口领取相应的证、照、批复。

平潭行政审批局将投资项目从招商对接到竣工验收涉及的116项审批事项合并为26项，并统一调整为以下4个办理阶段：①规划选址和用地阶段。在不违反现有法律法规强制性规定的基础上，招商项目确定后，将规划初步选址、用地预审、用林预审、用海预审、环境影响预评价、社会稳定风险、土地出让审批手续等事项合并为规划选址和用地阶段；通过市场化方式受让或通过"招拍挂"取得土地使用权的，直接进入下一个办理阶段。②项目评审与核准备案阶段。在现有行业管理部门审核职能不变、监管力度不减的前提下，将工程可行性研究报告评审、环境影响评价报告评审、水土保持方案评审、节能评估报告评审、社会稳定风险评估以及需要评审的其他事项合并为项目评审与核准备案阶段。③设计审查与施工许可阶段。在不违反国家行政审批中介服务相关规定的基础上，将规划总评方案审查、初步设计方案审查、人防设施审查、消防设施审查、气象设施审查、地震设施审查等需要对工程项目施工图进行审查的事项及其他与施工许可相关的审批事项合并为设计审查与施工许可阶段。④统一竣工验收阶段。将工程项目竣工验收涉及的环保设施竣工验收、水土保持专项验收、建设工程规划验收、人防设施验收、工程档案验收、消防设施验收、安全设施验收、气象设施验收、地震预防设施验收等各类专项验收合并为统一竣工验收阶段。

案例3 投资便利化——南沙企业登记不再需审批

2017年7月，《中国（广东）自由贸易试验区广州南沙片区深化商事制度改革先行先试若干规定》发布，提出了10条商事登记便利化的措施，进一步引领国内自由贸易试验区投资便利化进程。

"实行商事登记确认制，改革企业设立许可审批制度"是本次商事登记改革的最大突破和最大亮点。目的是对标国际先进营商规则，探索改革现行企业登记的行政许可制度模式，采用国际通行的商事登记准则制，从制度上进行变革，更好地体现天赋商权，实现与国际接轨。只要设立企业的申请符合法律法规规定的实体条件和程序规则，工商登记机关只作形式审查，依法登记注册。强化经营者主体责任和自律意识，加强信用约束，申请人对申报信息、提交材料真实性负责并做出承诺，对失信申请人严厉惩戒。

"实行住所（经营场所）自主申报，改革住所登记制度"是在自贸片区推行"集群注册"等商事主体住所（经营场所）登记改革的基础上，试行商事主体住所（经营场所）登记自主申报承诺制改革。企业登记时，除负面清单（娱乐服务业、重污染行业、危险品行业等特殊行业，以及住宅商品房、政府保障房、军队和外国企业房产等情形）外，无须再提交房地产产权证明、租赁合同、村（居）委会证明等住所使用证明材料，凭自行申报的住所信息登记，将大大简化企业办理工商手续流程，降低企业办事成本。

"实行经营范围申报备案制，改革经营范围登记制度"，主要是充分尊重企业意思自治，方便投资者根据经营策略自主决定经营方向及类别，允许申请增加新经济行业表述。

"实行境外投资者主体资格证明承诺制，改革注册资格证明登记制度"将简化设立外资企业公证认证证明等手续，减轻外资企业准入制度性成本。

"实行企业全生命周期信用监管"主要是配合放宽准入，运用信息化手段打造严密信用监管链条，构建完善事中事后监管体系，实现放得开、管得住。

（三）自由贸易试验区贸易便利化的实践

1. 自由贸易试验区贸易便利化的主要内容

虽然从1947年开始的日内瓦回合到1995年结束的乌拉圭回合，在关贸总协定的范围内，通过多边谈判导致了各成员国特别是发达国家关税的削减，促进了贸易自由化的发展。但是，当日本、德国以及一些新兴工业化国家和发展中国家依靠适当的贸易保护而迅速地强大起来，在某些方面赶上和超过了美国，在与美国的贸易中占有了更多的贸易利益时，美国又举起了贸易保护的大旗。既然关税已经降低，非关税壁垒就成为主要的保护手段。因此，有中国特色的自由贸易制度不是绝对的和完全的自由贸易，而是自由贸易和保护贸易的有机结合。

贸易便利化是指简化国际贸易的程序、降低货物流通成本，促进贸易活动更加快速、便捷和经济。发达国家和地区经济发展水平较高，能否用于贸易便利化基础设施和制度建设的资源相对充足，因此，贸易便利化程度也相对较高。除自由贸易园区之外，提高海关现代化、促进通关便利化也是世界各国或地区提高贸易便利化程度的主要手段。发达国家或地区的通关办理举措包括无纸化通关、风险管理、分类管理、企业备案等，其中最典型的举措是一站式通关和资质认证管理。见图3-7。

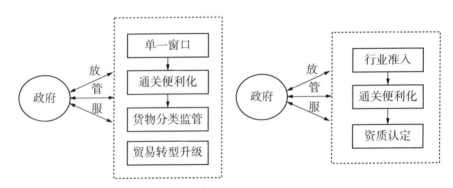

图3-7 自由贸易试验区贸易便利化的制度创新内容

"一线放开、二线高效安全管住"是自由贸易试验区贸易便利化的原则。在确保二线安全的前提下尽可能减少对一线的干预。由于第一、二批自由贸易试验区主要设置于海关监管区域，因此，贸易便利化主要体现在海关监管和货物通关便利化上。一是"一站式"电子通关平台，利用互联网建立一站式的电子系统，整合多行政职能部门各自的系统，打造"单一窗口"。二是提升通关的便捷程度。通过简化手续，实行直通程序、周报关制度等一次性报关或集中报关措施，为自由贸易试验区用户提供便捷服务，缩短货物报关程序，减少通关时间成本。三是为了满足和适应商品无国界生产和全球分销运营的需要，对货物进行四类"区域货物状态"的分类监管，包括优惠的国（境）外状态、对外贸易区受制状态、非优惠国的国（境）外状态和国内状态。四是释放贸易便利化的制度红利，培育贸易型业态和功能。

2. 自由贸易试验区贸易便利化的主要做法和成效

上海自由贸易试验区率先建立国际贸易"单一窗口"，该系统是一个集贸易、运输、加工、仓储等业务的跨部门综合管理服务平台。企业通过"单一窗口"一次性递交相关信息。目前，系统联结的部门超过20个，试点范围覆盖全市，有效地降低了企业的报关成本。率先实施货物状态分类监管试点，建立信息化系统监管为主，海关现场监管为辅的基本架构，实现从"物理维网"到"电子维网"的转变，大幅度降低企业的仓储物流成本。在海关特殊监管区域实施"一线放开、二线安全高效管住"的监管制度，推出"先进关、后报关"、国际中转便利化等措施。

广东自由贸易试验区3个片区亦全面推行国际贸易"单一窗口"。前海片区陆续推出"港区一体化""国际海关AEO（authorized economic operator）互认""先装船后改配""1+4全球质量溯源核放"等一系列促进国际贸易便利化的重要措施。南沙片区推出了"互联网+易通关"两批共6项措施，大大降低了企业的通关成本。此外，南沙检验检疫局首创全球质量溯源体系2.0版，除了实现大数据监管功能外，还能追溯所有商品的信息，为未来贸易新业态的衍生创造了良好的制度平台。横琴片区建立"一检通"信息化平台。通过监管规则智能化、风险管理和数据统计分析运用，做到从境外到境内的全链条全物流监管。

天津自由贸易试验区建立了国际贸易"单一窗口"，天津海关、天津检验检疫局分别出台了3批29项、4批48项通检便利化措施，大大提升了口岸监管和服务效率。跨境电商综合信息平台上线运行，与海关系统全国版成功对接。

福建自由贸易试验区在成立自由贸易试验区前就积极开展国际贸易1.0版和2.0版的"单一窗口"管理模式。对海关特殊监管区域内货物实施"状态分类、分账管理、标识区分、实时核注、联网监管"。通过关检"统一申报、集中查验、分批核放"，减少集装箱通关时间。如厦门海关和厦门检验检疫局在东渡海天码头试运行关检共用"一站式"查验平台，实现了关检信息互换、监管互认、执法互助。

3. 自由贸易试验区贸易便利化推进遇到的问题

3年以来，各大自由贸易试验区制度创新成果最大的就是贸易便利化领域。由于贸易领域与政府职能转变、投资管理、金融放开、法治建设相比，触动的"红线"较少，特别在海关和检验检疫部门的垂直管理体制下，其创新效率比属地管理部门要高。国际贸易"单一窗口"在四大自由贸易试验区的推行大大提升了我国贸易便利化水平。但贸易便利化领域依然存在缺乏法律依据和法律保障；"单一窗口"覆盖部门较少，贸易监管条块状监管仍然存在；贸易便利化与国际贸易规则对标不足。

（1）贸易便利化相关法律保障不完整。从自由贸易区国际贸易的法律依据来看，美国、欧盟、新加坡等发达国家非常重视促进贸易便利化的立法保障，海关法典的内容详细而且具体，明确规定了贸易便利化相关的法律地位和实施条件。而我国目前在促进贸易便利化领域缺乏相关的法律依据，政出多门和政策调整频繁的现象明显。

（2）国际贸易"单一窗口"功能有待优化。从国际贸易"单一窗口"的运行效率来看，美国、欧盟、新加坡等国家的自由贸易港区的"单一窗口"系统几乎涵盖了所有贸易监管部门，高效处理所有的进出口和转口贸易业务。系统启用了世界海关组织的数据模式，并且有专门的部门负责对数据元进行标准化。而我国目前自由贸易试验区的"单一窗口"覆盖部门较少、运作业务较少、数据模式不统一，不利于跨自由贸易试验区之间的数据共享和协同监管。

（3）贸易监管制度与新业态监管不匹配。随着服务贸易的兴起以及自由贸易试验区衍生的新兴贸易业态，给传统的海关和检验检疫等相关贸易监管部门带来了更多的挑战和机遇。目前的便利化主要集中在货物贸易，以通关时间的缩短和查验环节的缩减为主要改革点，既有部门体制对服务贸易、离岸贸易、跨境电商、互联网+贸易等综合性多元性新贸易趋势并没有足够的监管能力储备，我国自由贸易试验区的贸易便利化缺乏对服务贸易的推进。

4. 自由贸易试验区贸易便利化的案例佐证

案例1 新加坡的贸易网与港口网

早在1989年,新加坡在世界上第一个采用了贸易文件综合处理的全国性EDI(电子数据交换)网络——贸易(trade net)网。该网整合了整个新加坡与国家贸易的相关部门,如海关、检验检疫局、税务局、安全局、经济发展局、企业发展局、农粮局等35个政府部门。与进口、出口、转口贸易相关的企业申请、申报、审核、许可、监管等全部手续都可以通过贸易网完成。贸易商家只要递交一份完整的电子文件,通过电脑终端在10秒内就能完成全部申请手续,10分钟就能获得批准与否的答复。除了大大减少政府和企业在通关过程中的时间和人力成本外,还大大缩短货物清关的时间,降低通关成本,真正实现区内企业和货物"一线放开、二线管住、区内自由。"

港口网(port net)是新加坡国内连接整个航运界的电子商务系统。该系统囊括相关的政府职能部门、海关、港务集团、代理机构和港口用户,它能够简化、整合货物转运和跟踪的复杂过程,使港口相关方快速获得船只进出港信息、舱位安排、货物在港所处的状态、预订舱位、指定泊位、起重机布置、集装箱实时跟踪等信息,很大程度上加速了船舶和货物流动的速度,提升了港口管理效率。港口网现有7500多家用户,平均每年处理的交易达2亿宗。在此基础上,系统的用户范围开始伸向世界其他港口,现包括2个亚洲港和6个非洲港。正是这个共享性电子信息平台的高效运作,使得新加坡作为国际航运中心的地位得以保障。

案例2 福建自由贸易试验区的国际贸易"单一窗口"

2014年9月,福建省就开始启动国际贸易"单一窗口"建设。2015年4月,"单一窗口"上线运行,实现了"一个平台、一个界面、一点接入、一次申报"办理国际贸易各项业务。福建自由贸易试验区国际贸易"单一窗口"由政府主导,海关、检验检疫、海事、边检共同建设,涉及30多个相关部门。福建设口岸办牵头负责规划和设计,并设立省电子口岸管理中心负责具体推进。

根据福建设有2个关区、2个检区,关区与检区相互交叉的实际情况,全省设立一个平台和福州、厦门2个运营体,2个运营体统一界面、统一对外宣传,分别由省电子信息集团和厦门自由贸易试验区电子口岸公司负责开发、运营和维护;2个运营体的数据充分共享,由省电子口岸管理中心通过网络专线直接对接口岸查验单位和2个运营体,负责实时汇总全省通关查验、港口物流等口岸运行数据。

福建国际贸易"单一窗口"的1.0版共涉及7个功能,包括货物申报、运输工具申报、关检"三个一"、政务服务、金融服务、贸易许可业务、对台及"一带一路"专区。2.0版引进新加坡专业公司,对照国际标准参与规划设计。为推动口岸查验单位的数据互换,福建专门对原分散在各个口岸的申报表格中的数据项进行整合。通过检验检疫、海事、港口管理局3个单位共建,通过流程再造,实现了企业通关申报、物流管理、查验、放行和全场信息化服务,同时实现了船舶代理、车队、堆场、码头等港口物流生产作业在"单一窗口"上无纸化办理,大幅度提高通关效率。

案例3 南沙全球质量溯源体系:从贸易监管到信用监管再到制度创业

2017年6月,由南沙出入境检验检疫局(以下简称"南沙检验检疫局")首创的"全球质量溯源体系"作为南沙自由贸易试验区新一批的可复制推广经验正式发布,被视为南沙引领国际监管规则,推动自贸制度向国际规则转变的一项重要成果。

广东是中国外贸进出口规模最大的省份,广州有上千个批发市场,跨境货物交易量大。随着出口量的增加,采购方式由随身打包携带逐渐发展到邮寄，再发展到集装箱拼装出口。为了更高效地对出口商品进行检验检疫，2013年4月，广东检验检疫局决定在南沙口岸首创市场采购出口商品集中检管模式——广东"智检口岸"公共服务平台。全程无纸化、智能化运作，在大数据分析和风险防控的基础上，对需查验的货柜平均每16分钟完成作业，无须查验的即刻放行，只需6名工作人员运营。集中监管模式大大降低了货物通关时间，提升了监管效率和监管成本。

广东"智检口岸"公共服务平台成为全球质量溯源体系的基础，通过它，工作人员可以追踪到商品具体来源，通过大数据积累可进一步掌握商品质量。南沙全球质量溯源体系1.0版在2015年6月正式上线。2016年9月，全球质量溯源体系上线2.0版，覆盖范围由原来的跨境电商拓展到南沙口岸全品类的商品和各种贸易方式。该体系除了具备检验检疫的基本功能，还能通过风险管理和信息管理对跨境商品进行自动布控和精准风控。经检验合格的商品，地方政府用政府购买服务的方式予以补贴，商品出口快、成本低，出境后有信誉保证。质量差的商品被查获除了影响企业信誉还将被依法实施行政处罚。溯源体系让消费者能够知道商品的整个生命周期信息。商品得到了监管部门的认可，得到了检验检疫部门的认可，对销售也起到明显的促进作用。

全球质量溯源体系突破传统的单一的商品监管功能，还达到商品和企业信用监管的目的。这是政府在监管方式上的转变以及监管工具的现代化体现。下一步，南沙检验检疫局的贸易监管创新的突破点是制度创业，即是通过全球商品质量监管制度的变革衍生一批国际贸易新业态。

（四）自由贸易试验区金融放开的实践

1. 自由贸易试验区金融放开的主要内容

自由贸易试验区金融放开的制度创新内容见图3-8。

（1）推进人民币国际化。探索实行本外币账户管理新模式，

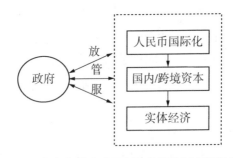

图 3-8　自由贸易试验区金融放开的制度创新内容

在账户设置、账户业务范围、资金划转和流动监测机制方面进行创新。探索通过自由贸易账户和其他风险可控的方式,开展跨境投融资创新业务。在自由贸易试验区内对人民币资本项目可兑换、金融市场利率市场化、人民币跨境使用等方面创造条件进行先行先试。在试验区内实现金融机构资产方价格实行市场化定价。探索面向国际的外汇管理改革试点,建立与自由贸易试验区相适应的外汇管理体制。深化外债管理方式改革,促进跨境融资便利化。

(2) 国内/跨境融资风险管控。构建自由贸易试验区金融宏观审慎管理体系,建立金融监管协调机制,完善跨行业、跨市场的金融风险监测评估机制,加强对重大风险的识别和系统性金融风险的防范。探索建立本外币一体化管理机制,综合利用金融机构及企业主体的本外币数据信息,对企业、个人跨境收支进行全面监测、评价并实施分类管理。根据宏观审慎管理需要,加强对跨境资金流动、套利金融交易的监测和管理。探索在自由贸易试验区建立金融消费者权益保护协作机制以及和解、专业调解、仲裁等金融纠纷司法替代性解决机制,鼓励金融行业协会、自律组织独立或者联合依法开展专业调解,建立调解与仲裁、诉讼的对接机制。

(3) 增强金融服务功能。按照国家规定设立面向国际的新型资本要素交易平台,逐步提高自由贸易试验区资本要素平台交易的便利化水平。推动金融服务业对符合条件的民营资本和外资金融机构全面开放，支持在自由贸易试验区内设立外资银行和中外合资银行。允许金融市场在自由贸易试验区内建立面向国际的交易平台。逐步允许境外企业参与商品期货交易，鼓励金融市场产品创新。利用新兴技术和互联网＋金融，植入实体经济的转型升级。

2. 自由贸易试验区金融放开的主要做法与成效

上海自由贸易试验区是金融开放创新的全国试验中心。金融领域的制度创新以宏观审慎、风险可控为前提，以促进投资贸易便利化为出发点，以服务实体经济为依托，围绕"金改51条"和"金改40条"，积极稳妥地推进金融放开创新。一是以自由贸易账户（FT）为核心的金融放开创新不断推进。自由贸易账户体系建成运行。截至2016年6月底，上海共有45家金融机构直接接入FT账户体系，共开设账户5.45万个，累计办理跨境本外币结算折合人民币6.7万亿元。二是金融监管和风险防控能力增强。依托由国家金融管理部门在沪机构和市政府有关部门组成的自由贸易试验区金融工作协调推进小组，完善金融宏观审慎管理措施及各类金融机构风险防范机制。中国人民银行上海总部会同相关部门建立了跨部门的跨境资金监测分析与应急协调机制。三是金融市场和金融服务能力进一步提升。面向国际的金融交易平台建设稳步推进。黄金国际板功能得到拓展，"黄金沪港通"启动。上海黄金交易所推出"上海金"集中定价交易机制。上海保险交易所正式运营，成为全国首家国家级、创新型保险要素市场。上海国际能源交易中心首个交易品种原油期货已获批准。

天津自由贸易试验区金融创新最具特色的是融资租赁业务创新和支持京津冀一体化金融创新。融资租赁创新包括融资租赁类公司售后回租项下外币支付设备价款、联合租赁业务、支持融资租赁企业发展总部经济和结算中心，更好地利用国际、国内2个市场高效配置资源、拓展海外租赁保险等；支持京津冀协同发展，降低跨行政区金融交易成本。

广东自由贸易试验区金融创新特色主要体现在人民币成广东

自由贸易试验区跨境收支主要货币。前海片区还率先开展了外债宏观审慎试点；国内首批"电子证照银行卡"展现"特区速度"，在全国首次实现了政务服务与金融服务信息应用渠道的贯通；粤港澳金融基础设施互联互通在珠海横琴推出的全国首个跨境公交受理金融 IC 卡项目。南沙片区以飞机、船舶及大型工程设备等行业的融资租赁业为重点，依托自由贸易试验区内外资融资租赁统一管理改革试点等政策，不断优化融资租赁发展环境。横琴片区率先推行企业外汇登记业务下放银行办理政策，率先开展区内企业对境外放款额度上调试点。

福建自由贸易试验区金融创新的主要特色、主要创新包括：两岸金融合作先行先试，如采取在对台小额贸易市场设立外币兑换机构、允许两地间开展跨境人民币借贷业务等。优化自由贸易试验区内金融机构准入制度。促进金融机构集聚、拓展跨境离岸业务和服务"一带一路"建设。

四大自由贸易试验区金融放开创新的成效见表 3-9。

表 3-9 四大自由贸易试验区金融放开创新的成效

片 区	分 类	成 效
上海	金融放开制度	金改 1.0 版——"金改 51 条"：2013 年《关于上海自由贸易试验区银行业监管有关问题的通知》《资本市场支持促进上海自由贸易试验区若干政策措施》《保监会支持上海自由贸易试验区建设有关事项的通知》《关于金融支持上海自由贸易试验区建设的意见》 金改 2.0 版：2014 年 5 月《自由贸易试验区分账核算业务实施细则（试行）》《自由贸易试验区分账核算业务风险审慎管理细则（试行）》 金改 3.0 版：2015 年 2 月《自由贸易试验区分账核算业务境外融资与跨境资金流动宏观审慎管理实施细则》 金改 4.0 版——"金改 40 条"：2015 年 10 月《进一步推进中国（上海）自由贸易试验区金融放开的新格局，加快上海国际金融中心建设方案》

续上表

片区	分类	成效
上海	扩大金融对外开放	2017年6月28日颁布《中国（上海）自由贸易试验区金融服务业对外开放负面清单指引（2017年版）》
		推进"分类别、有管理"的资本项目可兑换，建立资本项目可兑换的操作模式
		扩大人民币跨境使用，推进人民币国际化
		创新自由贸易账户制度，提供本外币一体化的自由贸易账户金融服务
		深化外汇管理体制改革，促进贸易投资便利化
	金融宏观审慎	建立宏观审慎的本外币境外融资制度
		建立完善金融监管机制和风险监测体系
	金融服务功能	推进各类面向国际的交易平台建设："沪港通"、上海黄金交易所黄金"国际板"、"黄金沪港通"、"上海金"、上海保险交易所等
广东	扩大金融对外开放	开展跨境人民币贷款试点，拓宽企业境外融资渠道
		开展跨境双向人民币贷款资金池业务，助力自由贸易试验区总部经济发展
		推动跨国公司外汇资金集中运营管理，助力企业国家化经营
	简政放权，提升金融服务水平	支持商事登记制度改革：推出电子证照银行卡
		支持自由贸易试验区"双创"：改革企业账户开立流程
		支持自由贸易试验区外贸发展：简化外汇业务办理流程
		对接退税无纸化：提高国库服务水平
	粤港澳合作	开展跨境住房按揭试点，便利港澳居民在自由贸易试验区置业
		金融IC卡首次在跨境公交领域使用
天津	融资租赁业务创新	融资租赁类公司售后回租乡下外币支付设备价款，企业有效规避汇率风险
		首笔联合租赁业务成功办理，便利企业资金灵活运营

续上表

片区	分类	成效
天津	融资租赁业务创新	支持融资租赁企业发展总部经济和结算中心，更好地利用国际、国内2个市场高效配置资源
		拓展海外租赁保险
	支持京津冀金融协同	华夏银行推出华夏京津冀协同卡
福建	优化金融机构准入制度	取消区内支公司高管人员任职资格的事前审批
		辖内设立分行级以上机构的商业银行可依报告旨在区内新设机构或申请搬迁入区
		区内机构版权不受行政区划限制
	两岸金融先行先试	率先建立跨海峡人民币代理清算群
		开展对台跨境人民币贷款试点
		开设绿色通道，推动台资银行落户自由贸易试验区
		新台币现钞兑换服务民众
		两岸"通速汇"服务
		代理台湾地区银行债券交易
	服务"一带一路"	在福州片区建立"中国—东盟"海产品交易所

3. 自由贸易试验区金融放开遇到的问题

（1）自由贸易试验区金融放开政策间的协同性不足。自由贸易试验区金融放开政策主要由人民银行、外管局、金融行业监管部门等会同制定，相关配套政策出台步伐不一致、操作细则不到位，会影响自由贸易试验区金融创新的实际进程和效果。跨部门政策协同不足，部门内部之间衔接不足，导致金融政策落地受限或滞后。沿用旧有的行业审批管理制度，国家有关事权没有同步下放，导致部门金融政策难以往下推进。此外，自由贸易试验区与"一带一路"、市场准入负面清单管理、境外融资新政等多项国家政策之间存在交叉，自由贸易试验区金融政策差异化不明显，政策导向不突出。

（2）自由贸易试验区金融放开政策与地方政府落地实施之间的联动性不足。自由贸易试验区的金融创新主要由人民银行、国家外汇管理局、银监会、证监会和保监会等部门制定、发布政策和具体细则，而具体方案的推进和落地实施，则要依靠地方政府的大力推动和落实。目前，在金融放开政协实施中，"一行三会"与地方政府合力推动细则落地实行方面联动不足，决定了地方政府职能被动承接为主、主动作为的空间小，影响了改革的效果。如以上海为试点的"金改40条"，有些金融放开的方案已经制订，但尚未真正实施。

（3）自由贸易账户存在一定的瓶颈制约。以上海自由贸易试验区为试点的自由贸易账户的推广复制存在较大限制。目前，资本向下部分项目已实现自由兑换，但市场主体更希望利用自由贸易账户在个人跨境投资、资本市场和货币市场有关资本项目可兑换上进一步突破，以及对风险较大项目尝试开展限额内可兑换试点。尽管人民银行的实施细则已出，但相关业务开展还需证监、外汇等部门的配套细则，至今仍未出台。此外，自由贸易账户在融资资金方面仍有一定的限制，资金划转操作性还有待提高。

（4）金融放开政策与企业需求存在差距。上海自由贸易试验区内企业开设自由贸易账户有一定的门槛要求，导致企业对跨境投融资的需求较为不足。自由贸易试验区外真正有需求的企业要迁入区内还需较为复杂的流程。目前，上海自由贸易试验区内进行跨境融资的企业大多是资信度较高的大型国企，中小企业尤其是民营企业虽然有很强的融资需求，但从境外融资的渠道少，融资成本偏高。这在一定程度上导致跨境借款等创新试点只有"点"上的突破而没有"面"的普及。在金融放开创新服务实体经济方面，相关的风险监管和法律体制均未健全。

4. 自由贸易试验区金融放开的案例佐证

案例1 上海创新FT账户制度，提供本外币一体化的FT账户金融服务

FT体系是上海金融机构在自由贸易试验区设立分账核算单元，并在分账核算单元下开立的规则统一的本外币账户。其设计理念为"分账管理、离岸自由、双向互通、有限渗透"，未来由本币结算拓展至本外币一体化结算。金融机构在该账户体系下为区内主体提供融资创新等相关业务，按准入前国民待遇为境外机构提供相关金融服务。FT是自由贸易试验区特有的银行账户，开户主体是区内及境外的机构与个人，开户并提供账户服务的金融机构包括上海市范围内的银行类金融机构。FT在较大程度上被视同为"境外账户"，账户内资金视同为"境外资金"，通过构建FT体系，实质上在自由贸易试验区内形成了一个与境内其他市场有限隔离、与国际金融市场高度接轨的金融环境，以服务于涉外经济活动。"金改40条"发布以后，FT业务等金融创新试点不断深入，截至2016年5月底，上海有44家各类金融机构接入分账核算单元；累计开设自由账户5.3万个，累计办理跨境人民币结算业务折合人民币6.1万亿元，境外融资和信贷者折合人民币5033亿元，人民币融资平均利率4%，有效地降低了区内企业的融资成本。

案例2 广东自由贸易试验区横琴片区创新跨境人民币融资模式

为进一步扩大人民币的跨境使用，深化粤港澳金融合作，推动广东自由贸易试验区金融放开制度创新，横琴片区在跨境人民币融资模式上进行了一定的创新试验。经国家发改委批复同意，珠海大横琴投资有限公司在香港成功发行15亿元3年期信用增强离岸人民币债券，票面利率为4.75%。其中，50%用于横琴口岸及综合交通枢纽功能区工程、环岛主次干路市政道路工程、环岛监控项目等市政基础设施建设,50%用于境外增资大横琴(香港)投资有限公司。债券得到了海外投资者的高度关注和积极反响,认购账簿达到30亿元,超额认购2倍。此债券是国内首个获准在香港发行的地方城投类债券。大横琴公司成为国内首家获准赴境外发债的地方非上市企业,也是广东首个获准赴境外发行债券的地方企业。作为一种全新的"境外发债模式",大横琴投资有限公司的金融创新经验很快便在全国进行复制推广。2015年4月,深圳前海金融控股有限公司参照此模式,赴港发行了2.5年期人民币债券10亿元。赴港发行人民币债券,既拓宽了自由贸易试验区建设资金的融资渠道,在一定程度上缓解了融资难、融资贵的问题,也有助于提升粤港澳地区的金融合作水平,推动人民币国际化。

(五) 自由贸易试验区法治化建设的实践

1. 自由贸易试验区法治化建设的主要内容

(1) 自由贸易试验区立法。西方发达国家根据自由贸易区立法,宣布或批准某些区域成为自由贸易区,并成立一个专门的发展公司来管理该区的开发建设,或者成立一个地区开发管理机构来担任开发工作。地方政府可以制定与自由贸易区法相应的方案、条例、实施细则等地方性法规。根据管理体制的差异,自由贸易试验区行政管理一般可以分为两种模式,见图3-9。

国际水准的法治化营商环境既是自由贸易试验区总体方案中对自由贸易试验区提出的总体任务之一,也是自由贸易试验区改革开放创新的重要载体和保障。3年以来,与自由贸易试验区发展相关的立法建设内容包括:全国人大常委会、国务院暂时调整有关法律、行政法规,经国务院批准的文件等的实施,国家各部委发布支持自由贸易试验区建设的政策,上海市、厦门市、广东省等地方立法(条例、实施细则)。

(2) 自由贸易试验区法规的调整。2014年,上海自由贸易

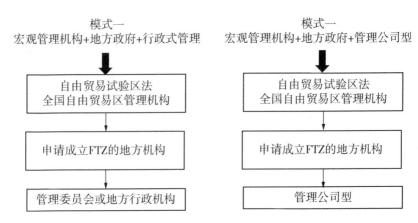

图 3-9 基于法治的自由贸易试验区三层式管理

试验区扩容，国务院曾对上海自由贸易试验区的有关行政法规和规章规定进行调整。在负面清单的投资管理制度上，中国对外开放的法律基础就是改革开放早期制定的三部与外资有关的法律：《中外合资经营企业法》《外资企业法》和《中外合作经营企业法》（以下简称"外资三法"）。这3部法律奠定了中国利用外资的法律基础，为推动中国改革开放做出了重大贡献。在上海自由贸易试验区成立前夕，全国人民代表大会常务委员会授权国务院在上海自由贸易试验区内暂时调整了这3部法律规定的行政审批权限，并规定在行政审批调整的3年试行期内，对实践证明可行的，应当修改完善有关法律。2015年，《中华人民共和国外国投资法（草案征求意见稿）》向社会公开征求意见。

（3）自由贸易试验区法律保障。建立自由贸易试验区综合法律服务窗口等司法保障和服务体系。包括一系列保证法治建设的保障服务：如成立自由贸易试验区法庭、国际商事仲裁院、国际商事调解中心、海事航运调解中心、知识产权快速维权中心、联营律所服务。

2. 自由贸易试验区法治化的主要做法与成效

自由贸易试验区法治化创新的具体做法见表3-10。

表 3-10　自由贸易试验区法治化创新的具体做法

梯队	自由贸易试验区	创新领域	具体做法
第一梯队	广东自由贸易试验区前海片区	地方立法	起草了《深圳经济特区前海深港现代服务业合作区涉港合同选择适用香港法律若干规定》
		司法	立前海商事法庭，对接香港专业调解机构，积极开展商事案件诉前调解，并试行港籍陪审机制
		法律服务	建立深圳国际仲裁院，并建立中国内地国际化程度最高的仲裁员名册；大力培育区内联营律所服务，司法部已正式批复同意前海粤港澳律师事务所合伙型联营试点方案；建立国内唯一的"一中心两基地"，即中国港澳台和外国法律查明研究中心、最高人民法院港澳台和外国法律查明基地、最高人民法院港澳台和外国法律查明研究基地
	福建自由贸易试验区厦门片区	地方立法	《厦门经济特区促进中国（福建）自由贸易试验区厦门片区建设规定》，出台《厦门自贸片区经济活动知识产权评议办法（试行）》和《中国（福建）自由贸易试验区厦门片区知识产权扶持与奖励办法》
		行政	在自由贸易试验区综合服务大厅集中设置了目前国内唯一的政法服务窗口
		司法	区内设有自由贸易试验区法庭和海事法院管辖；省高院同意在自由贸易试验区法庭加挂自由贸易试验区知识产权法庭，市中院设立自由贸易试验区知识产权巡回法庭
		法律服务	成立国际商事仲裁院、国际商事调解中心、厦门港航调解中心，湖里区人民检察院派驻厦门自贸片区检察室，建立自由贸易试验区海沧园区商事调解中心与人民调解工作室，设立全国首个自由贸易试验区内的国家级知识产权快速维权中心

续上表

梯队	自由贸易试验区	创新领域	具体做法
第二梯队	上海自由贸易试验区	地方立法	《中国（上海）自由贸易试验区相对集中行政复议权实施办法》《上海市第二中级人民法院关于适用〈中国（上海）自由贸易试验区仲裁规则〉仲裁案件司法审查和执行的若干意见》
	上海自由贸易试验区	法律服务	上海自由贸易试验区仲裁院引入临时仲裁措施制度，外籍仲裁员占比较高
	广东自由贸易试验区横琴片区	地方立法	全国首部《横琴自由贸易试验区临时仲裁规则》
	广东自由贸易试验区横琴片区	行政	就粤港澳地区法律体系差异问题为行政相对人编制"违法行为提示清单"
	广东自由贸易试验区横琴片区	法律服务	珠海国际仲裁院外籍仲裁员比例高；成立珠港澳商事调解合作仲裁，以及全国首家内地与港澳合伙联营律所"中银—力图—方氏（横琴）联营律所"
第三梯队	广东自由贸易试验区南沙片区	法律服务	南沙自由贸易试验区法院任命5名港澳籍人士担任人民陪审员；建设"两庭一中心"，即商事审判庭、知识产权审判庭和自由贸易试验区商事调解中心，并设立首个自由贸易试验区劳动争议仲裁委员会
	天津自由贸易试验区	法律服务	自由贸易试验区法庭建立3.0版数字化法庭，建立涉自由贸易试验区商事纠纷诉调对接机制
	福建自由贸易试验区福州片区	法律服务	马尾区人民法院设立马尾法院自由贸易区知识产权法庭、全国首创台胞权益保障法官工作室
	福建自由贸易试验区平潭片区	法律服务	平潭县人民法院涉台案件审判庭，以及海峡两岸仲裁中心

（1）立法引领改革局面基本形成。在国家立法层面，根据全国人大常委会授权，国务院暂时调整"外资三法"有关法规规章在区内实施。国家相关部委根据职责分工制定关于自由贸易试验区的一系列部门规章。这些规章保障了负面清单管理模式、服务业扩大开放等多项改革措施在自由贸易试验区的顺利推行。在地方立法层面，各大自由贸易试验区公布了系列自由贸易试验区管理办法以及相关条例。确立了从管理体制、投资开放、贸易便利、金融服务到综合监管的法制框架。

（2）司法保障和争议解决机制基本建立。自由贸易试验区借鉴国际经验，加快健全争议解决机制，形成以法院为主、仲裁调解为辅的格局。司法保障机制抓紧建立。浦东、前海、横琴等自由贸易试验区法庭成立，相关的自由贸易试验区仲裁院、自由贸易试验区知识产权法庭和海事法院自由贸易试验区法庭投入运行。中国香港地区、新加坡国际仲裁中心相继在自由贸易试验区设立代表处，仲裁机构多元化、国际化程度不断提高。商事调解制度亦逐步建立。

（3）法律服务平台建设逐渐完善。自由贸易试验区综合行政执法改革，内地与港澳律师事务所合伙联营试点，中国自由贸易试验区仲裁合作联盟，知识产权快速维权援助中心等一批法治化监管创新模式涌现。在国际法律服务方面，国际商事仲裁机构、域外法律查明服务平台、国际人才引进政策等措施在自由贸易试验区取得突破性推进。见表3-11。

表3-11 自由贸易试验区法治化建设成效　　　　　　（单位：项）

领域	南沙片区	前海片区	横琴片区	天津滨海新区	福州片区	平潭片区	厦门片区	上海浦东
政策条例（颁布政策数）	69	56	75	61	77	74	67	59
对接国际标准（国际性法律合作机构数）	4	4	4	1	4	1	4	3

续上表

领　域	南沙片区	前海片区	横琴片区	天津滨海新区	福州片区	平潭片区	厦门片区	上海浦东
知识产权保护（知识产权机构数）	1	2	1	3	1	1	1	2

资料来源：截至2017年，各大自由贸易试验区网站和政府文本统计所得。

3. 自由贸易试验区推行法治化遇到的问题

受现行法律框架和体制机制制约，自由贸易试验区法治建设存在一些问题。自由贸易试验区的设立，并非由全国人大或其常委会通过立法创建，而是通过国务院印发的自由贸易试验区总体方案的方式运作，因此，自由贸易试验区实质上属于行政推动。由此可见，法治环境属于自由贸易试验区制度改革滞后的短板。

（1）以立法而言，法律体系呈现碎片化现象。没有统一的《中国自由贸易试验区法》，则没有关于自由贸易试验区定义、自由贸易试验区设立条件、自由贸易试验区政府权力、自由贸易试验区法律体系等重要问题的明确规定。各片区总体方案法律位阶低，地方立法权有限，已有相关法律文件极度欠缺系统性整理。当前自由贸易试验区大多数制度创新举措都是以部门规章的形式发布，法律层级较低。

（2）就行政执法环节而言，政府事权仍然梳理不清。以投资准入管理制度为例，虽然一张清单开放诸多行业、领域，但清单背后的行政许可权责不清，市场开放难以落地；落实"一照一码"和"证照分离"看似目标清楚，但推动相关职能部门间的合作却步履维艰。诸如此类的问题早已超出自由贸易试验区管委会权限，有限的协调能力难以推动现行整个体制机制的改革。

（3）就国际性的法律服务而言，看似是最有创新活力的环节却限制颇多。例如，法律执业资格的互认、法律从业人员的业绩互认、法律从业人员的社会保险等制度的缺失，直接制约外籍法律从业人员的权益与提供服务的能力。一方面，需要培育联营律所；另一方面，却难以保障联营律所的业务范围。许多仲裁中心为提升仲裁规则国际化水平，引入临时仲裁措施，但中国与其配套的《中华人民共和国仲裁法》缺位。只有在申请人临时措施执行地所在国家/地区的法律承认仲裁机构享有临时措施权时，该规则才能适用。

4. 自由贸易试验区法治化建设的案例佐证

案例1　新加坡于1969年颁布《自由贸易区法案》

在1969年成立国内第一个自由贸易试验区——裕廊海港自由贸易试验区之前，新加坡便由最高立法机关颁发《自由贸易区法案》，以此作为自由贸易试验区建设的法律保障。可以说新加坡立法先行、有法可依的法律制度使得自由贸易试验区具有清晰的法律保障。这样做既保障自由贸易园区各项政策的稳定性，也保障投资者的合法权益。《自由贸易园区法案》合共7个部分24条，分别对自由贸易试验区的定位、功能、管理体制、运作模式、优惠政策等进行了全面的规定。如第五条规定了自由贸易试验区内商品的处理，第六条界定了自由贸易试验区内的操作和生产，第七条设定了关税的计算，第十一条至第十四条界定了政府管理部门的职责和功能。作为一部比较详细的自由贸易试验区法律，其对管理部门和功能规定很具体也很有特点，体现了政府机构兼有服务和管理两种身份特征。既能做好监督自由贸易试验区内企业的合法经营，也能为自由贸易试验区内各种基础设施提供良好的服务。

案例2　前海片区的法治化创新试验

前海自贸片区是全国唯一一个"社会主义法治示范区"，首栋永久性建筑即命名为"法治大厦"。在深港两地法治环境营商环境合作方面，主要从以下几个方面进行突破：一是成立前海商事法庭。前海成立了前海商事法庭，对接香港专业调解机构，积极开展商事案件诉前调解，并试行港籍陪审机制，由符合条件的香港居民担任陪审员，从而使其判决在体现司法公正的同时兼顾国际化的法律准则。二是深圳国际仲裁院已在前海正式挂牌运作。该院拥有中国内地国际化程度最高的仲裁员名册，共有180名境外仲裁员，分别来自29个国家和地区，占总人数的35%，当事人双方可约定仲裁适用其他国家或地区的法律，并可以委托港澳台地区及外国律师代理仲裁，为中国企业"走出去"和外国企业"走进来"提供了一个具有国际公信力的仲裁平台。三是前海仿照香港，建立了前海廉政监督局。由"多头监督"向"一体化监督"转变，在行政效能监察等方面发挥了重要作用。四是，率先试点联营律师事务所。司法部正式批复同意前海粤港澳律师事务所合伙型联营试点方案，广东省也已正式出台相关规定，支持香港律所和内地律所在前海开展律所联营试点，共同为前海企业服务。近期，前海管理局起草了《深圳经济特区前海深港现代服务业合作区涉港合同选择适用香港法律若干规定》，正争取全国人大支持。

案例3 厦门自由贸易试验区的法治化进程

厦门自由贸易试验区借助岛内整体较高的市民素质及政府的服务性态度，在立法上，善用被授予的地方立法权，市人大、自由贸易试验区管委会、市法制局等部门共同组成立法小组，建立比较规范的立法机制，具有目前唯一专门的《厦门经济特区促进中国（福建）自由贸易试验区厦门片区建设规定》，出台《厦门自贸片区经济活动知识产权评议办法（试行）》和《中国（福建）自由贸易试验区厦门片区知识产权扶持与奖励办法》保护知识产权。在行政上，在自由贸易试验区综合服务大厅集中设置了目前国内唯一的政法服务窗口，整合公安、法院、司法行政、仲裁等职能，实现一点接入、多点引导，线下与线上服务相结合；对标国际先进，发挥商会协会的作用，探索政府监管、信用约束、行业自律、社会监督等"四位一体"的综合监管。在司法上，有完善的司法审判制度：区内设有湖里自由贸易试验区法庭和海事法院；针对知识产权类纠纷，福建省高院同意在自由贸易试验区法庭加挂自由贸易试验区知识产权法庭，市中院设置自由贸易试验区知识产权巡回法庭，并免费提供"知识产权网上侵权预警与存证云服务"。自由贸易试验区的法律服务多元且完善：借鉴国（境）外立法实践，市人大常委审议通过《厦门经济特区多元化纠纷解决机制促进条例》，成立国际商事仲裁院、国际商事调解中心、厦门港航调解中心，湖里区人民检察院派驻厦门自贸片区检察室，建立自由贸易试验区海沧园区商事调解中心与人民调解工作室，设立全国首个自由贸易试验区内的国家级知识产权快速维权中心——中国厦门（厨卫）知识产权快速维权中心。

三、自由贸易试验区制度创新的外溢效应

（一）自由贸易试验区制度创新经验的复制推广

中国自由贸易试验区承担的使命之一就是要形成可复制可推广的经验。2014年上海自由贸易试验区成立一周年，有关部门复制上海自由贸易试验区21项试点事项。2015年1月，国务院印发通知向全国复制推广自由贸易试验区第二批28项改革经验。2015年11月，商务部提交21项全国复制推广的改革经验。2016年11月，国务院印发通过在全国复制推广19项自由贸易试验区改革经验。2014年第二批自由贸易试验区成立3年多以来，中国自由贸易试验区被复制推广的改革经验涵盖政府职能转变、投资贸易监管创新性、金融放开等领域，释放了较大的政策和制度红利。

上海自由贸易试验区5年来共有100多项制度创新成果在全国推广。企业准入"单一窗口"、外商投资备案管理等37项投资便利化领域改革措施，先进区后报关、批次进出集中申报等34项贸易便利化改革措施，跨境融资、利率市场化等23项金融

制度创新改革成果分领域、分层次在全国推广复制。

天津自由贸易试验区第一批9项经验入选由商务部提交的拟在全国复制推广的经验。2016年10月，天津筛选出政府服务和监管创新、投资管理、贸易便利化、金融放开创新4个领域共56项改革试点经验向京津冀地区和全国推广。2016年11月，国务院推出新一批19项改革试点经验中，天津自由贸易试验区有2项纳入其中。

广东自由贸易试验区分两批在全省及相关范围内推广复制了66项改革创新经验。2015年12月，广东省政府从各片区上报的60项改革创新经验中选出27项在全省范围内推广。2016年9月，第二批39项创新经验在全省范围内复制推广。商务部8个最佳实践案例中，广东入选2个。

福建自由贸易试验区两年来共推出和实施创新举措225项，其中80项属于全国首创。2016年11月，国务院公布新一批的19项自由贸易试验区改革创新试点经验中有9项来自福建，17项已在福建自由贸易试验区落地实施。

（二）自由贸易试验区制度创新与区域联动

第一、二批自由贸易试验区除了发挥制度创新"先行先试"的作用外，每个自由贸易试验区均根据自身的区位特征设置了区域联动和辐射带动的功能。上海自由贸易试验区肩负引领长三角经济带发展的重任，天津自由贸易试验区要打造京津冀协同对外开放新引擎，广东自由贸易试验区要深化粤港澳地区合作，福建自由贸易试验区要深化两岸经济合作。3年来，四大自由贸易试验区发挥各自的优势，在跨区域通关便利化、跨区域服务贸易投资合作、跨区域金融服务创新等领域均取得一定的成果。

1. 上海自由贸易试验区促进长江经济带区域通关一体化发展

为了更好地将上海自由贸易试验区海关创新经验运用到长江流域，2014年9月起，海关总署分两轮启动了长江流域大通关体制改革。鉴于制度复制和推广存在的困难，改革需要一定的

"着陆期",通关一体化改革首先在长三角区域推进。第一批启动了上海、南京、杭州、宁波、合肥5个海关通关体制改革;第二批在长江中上游启动,南昌、武汉、长沙、重庆、成都、贵阳、昆明7个海关正式加入。在12个海关内注册的外资企业可以自由地选取申报、纳税、放行地点,实现"一地注册、全域报关",手续更便捷,通关成本更低,整个长江黄金水道的通关能力大幅度提升。

2. 天津自由贸易试验区与京津冀协同发展

为推进京津冀协同发展,天津自由贸易试验区已经推出《天津自由贸易试验区服务京津冀协同发展八条举措》,包括:增强天津口岸功能提高区域服务水平;复制推广进口商品保税展示交易模式;支持企业利用自贸账户开展境内外融资;发挥融资租赁优势助推产业转型升级;为企业"走出去"搭建高水平服务平台;与北京市服务业扩大开放综合试点对比互补试验;支持河北省探索建设自由贸易园区;增加信息沟通,加强人员往来共享改革红利。天津还通过天津港与京津无水港的联动增强京津冀地区经济的联系。目前,天津港已经在京津冀地区建立了北京朝阳、平谷和河北石家庄、张家口、保定、邯郸6个无水港,港口的交通、口岸、保税等功能向京津冀区域更深更广延伸。

3. 广东自由贸易试验区深化粤港澳合作

深圳前海自贸片区与香港现代服务业的联动发展。为了深化与香港服务业的合作,前海管理局内设香港事务处专门对接与港联动发展。2016年前海片区港资背景企业达到4233家,港资对前海建设贡献作用凸显。在法制化方面,前海首创"港籍调解"和"港籍陪审"制度。在投资管理方面,制定了前海版的"负面清单"。对包括港籍高端人才仅按照15%征收个人所得税。在金融方面,2016年12月,"深港通"正式启动,全国首家CEPA框架下港股控股公募基金公司落户。

珠海横琴自由贸易试验区则积极配合澳门"一中心一平台"建设,推动澳门经济适度多元化发展。截至2016年年底,在横琴片区注册的澳资企业累计达到766家。为促进与澳门之间要素的便捷流动,目前,横琴口岸已实现24小时通关,澳门单牌车进出横琴政策在粤澳合作联席会议上已签署《关于澳门机动车辆入出横琴的协定》。横琴口岸启动"一机一台"改革,提升通关效率30%。在粤澳合作产业园方面,第一批33个入园项目逐步落地,第二批项目正在筹备中。建成的澳门青年横琴创业谷,已吸引134个项目团队入驻,其中93个澳门项目。

4. 福建自由贸易试验区深化对台经济合作

为了凸显对台特色,在投资便利化方面,对符合条件的台商投资福建自由贸易试验区内服务行业的资质、门槛要求参照大陆企业,而且允许台湾地区身份证明文件的自然人到自由贸易试验区注册个体工商户,无须经过外资备案。在贸易便利化方面,福建自由贸易试验区率先将进口台湾食品农产品检验检疫工作向前延伸,建立食品农产品质量安全溯源管理。在食品农产品输入自由贸易试验区时,进一步降低抽检比例,检验检疫放行平均时间减少5～6天。除了大幅度提升口岸通关速度外,还吸引了台湾商品通过福建自由贸易试验区口岸进行中转。在金融放开方面,福建自由贸易试验区3个片区全面启动了对台跨境人民币业务试点,允许区内金融机构与台湾地区银行之间开设新台币同业往来账户,办理多种形式的结算业务等。在法治化建设方面,2015年年底海峡两岸仲裁中心在平台片区成立,该中心聘请了40多名台湾仲裁员,台资企业可以选择台湾地区的仲裁员裁决纠纷。

(三) 自由贸易试验区制度创新与对外开放

上海自由贸易试验区90%左右的国民经济行业对外资实现准入前国民待遇,超过90%的外资企业通过备案方式设立。截至2017年4月,上海自由贸易试验区累计设立外资企业8734家,吸收合同外资6880亿元。上海共有来自15个"一带一路"沿线国家的6家法人银行、12家外国银行分行(另有1家已获批筹建)和11家代表处。在沪"一带一路"沿线国家银行的总资产规模为1567.88亿元,占上海辖内外资银行的11.62%,同比增长19.79%。

广东自由贸易试验区自2015年4月21日挂牌以来,随着外商投资负面清单模式、国际贸易"单一窗口"等一系列改革措施的出台,作为开放程度最高、营商环境最优越的地区,极大地增强了广东对高质量外资的吸引力。2016年1—11月,广东自由贸易试验区新设立企业7.06万家,同比增长42.9%。其中,外商投资企业4070家,同比增长77.3%;合同外资3661亿元,同比增长172.8%。自由贸易试验区吸引合同外资占全省同期总额超60%。

天津自由贸易试验区吸引外资作用明显。2016年,自由贸易试验区实际使用外资25亿美元,合同外资240亿美元,分别占全市的24.8%、77.8%。外商投资企业投资新区大项目增资势头良好,如2016年高银地产增资2.9亿美元,大众汽车自动变速器增资1.2亿美元等。

福建自由贸易试验区自2015年4月21日挂牌至2017年3月底,新增内、外资企业5973户,注册资本逾870亿元,分别占同期福建全省的27.33%、70.5%。2016年,福建自由贸易试验区新增合同外资91.4亿美元,同比增长75.9%,占全省的58.3%;进出口总额1524.3亿元,同比增长7.87%,高出全省9个百分点。

四、小结

自由贸易试验区成立以来,经过各自由贸易试验区地方政府与上级政府相关部门的积极推进,在政府职能转变、投资贸易便利化、金融放开和法治化建设等领域均取得一定的制度创新成果,但由于发展时间较短,而且制度创新多触及固有体制和利益割据,还有很多需要进一步完善的空间。

1. 制度创新受体制和观念束缚

一是用行政逻辑代替市场逻辑。因为政府作为制度创新的主导者,它本身就具有极为强大的行政逻辑惯性,形成路径依赖。而自由贸易试验区就是要按照市场逻辑运行,与国际上高标准的投资贸易规则对接。这样政府和市场之间就会形成比较麻烦的问题,政府推行的制度创新,与市场所需要的存在较大差距。目前的一些简政放权虽然减少了众多市场主体的办事成本,但由于社会组织的长期缺位和发育不良,政府不可能大规模"削权",在现实中仍难实现真正的放权给社会。政府行政主导自由贸易试验区建设的痕迹明显。

二是用政绩导向代替问题导向。在各个自由贸易试验区建设过程中,政府在不断推出各种各样的创新举措,创新呈现碎片化状态,没有制度的系统性和整体性,正所谓"创新眼花缭乱,干部忙得团团转",这一切都容易走向满足主政者"晋升锦标赛"需要的路径。于是,在各自由贸易试验区的制度创新中,更多看到的是大量基础设施、房地产项目的动工以及做事方法和手段的创新,难以看到制度发生结构的变化,这或许就是自由贸易试验区制度创新瓶颈的本质所在。

2. 制度创新系统推进欠缺高规格和全盘性

方案实施方面,自由贸易试验区的建设实施方案对自由贸易试验区建设给出了高规格和全盘性的构思。但在方案推进时各政府职能部门主要侧重两个方面:一是对原有行政流程的修补,增加一定的便利性,的确对营商环境的塑造起到一定的作用。但行政效率的提升是任何政府部门应有之义,并不能深度体现自由贸易试验区"行政倒逼改革"的本质。二是侧重对本部门任务清单的认领,忽视了制度创新的系统性和全局性考虑。辐射带动方面:辐射带动区域发展是四大自由贸易试验区建设的应有之义。从目前看,自由贸易试验区带动所在大区域,自由贸易试验区辐射带动周边关联区域的作用发挥效果仍未凸显。

当前,不管是"多照合一",还是"单一窗口"等举措,都极大地推动了自由贸易试验区贸易便利化的建设，值得肯定。但是，绝大多数的制度与政策创新主要聚焦在通关便利化，使其他方面的改革显得较为薄弱。自由贸易试验区总结的首批创新经验中，绝大多数涉及投资贸易的便利化，而事中事后监管只有数项，金融制度创新方面则鲜见突破。

从调研所得的信息来看，企业负责人对于各个自由贸易试验区在注册过程中引入"一照一码"和多部门联动审批的工作方式改进所取得的便利性和高效率表示了高度认同。但事实上，这些关于事前审批层面的改革成效，与深化行政管理体制创新要求的差距还较大。自由贸易试验区行政管理体制改革的核心在于"基因重组"和"基因再造"，将高效率、便捷化的服务嵌入产业培育、规划和扶持的整个过程中，使得政府职能转变向纵深推进，而不是简单的"小修小补"。

3. 制度创新与企业需求鸿沟

由于时间仓促和保密需要，自由贸易试验区在设计"总体方案"、形成"负面清单"和制订"实施方案"过程中，未能大范围地深入征询企业意见、制度需求和政策需求，缺乏一定的社会参与度。导致企业普遍反映"需要的制度和政策给不了，给了的制度和政策不需要"。制度供给与企业需求对接性较差，一些外资企业认为负面清单管理、金融放开、粤港澳服务贸易自由化等制度创新还有很大改善的空间。一些企业反映第三版负面清单的修订，其实质性开放度依然有限，一些重大领域没有取得突破，如跨境资本流动的瓶颈仍未打破；与中国香港地区、新加坡等相比，中国税负还是过重；离岸金融、保险、航运等领域的税收优惠措施不多。通过对一些港澳投资企业访谈得知，中国香港、澳门地区对自由贸易试验区的行政体制改革、政策体系并不十分了解，很多企业处于观望状态。外资公司仍认为中国的大量法规、政策清晰度不高且变化较快，让外资无法适从。政府没有设置发布、分类、解读政策的权威窗口，企业咨询和了解政策信息有较大困难，不能及时地了解最新政策。对比之，香港的市场准入、贸易监管、行政管理和财税流程都很完善、简单和高效。尽管香港租金和人力成本较高，但完善的制度环境令其仍保持较高的投资吸引力。选择自由贸易试验区作为新的投资选址，外资企业对其走势需要一个认识过程，思考更为谨慎和成熟，这也是目前港澳企业在自由贸易试验区实际运营企业数偏少的重要原因之一。

4. 制度创新的溢出效应不够

中国自由贸易试验区肩负为其他地区提供可复制推广经验的制度溢出功能及区域联动和辐射带动功能。理想情况下，自由贸易试验区的创新改革一方面能促进本地区经济的发展，另一方面可以通过为其他地区节约大量制度成本，获取经济赶追空间。自由贸易试验区成立3年多时间以来，的确产生了大量可复制推广的改革经验。但这些经验过于集中于管理技术上的优化改进和监管流程上的协同再造。深层次而且有难度的政府体制变革、金融监管开放、营商环境建设等较少触及或主动做出"压力测试"。不是本质性的制度创新试验对其他非自由贸易试验区起不到本质的示范作用。如商事登记便利化、通关时间缩短等，非自由贸易试验区也能直接实行。此外，第一、二批的自由贸易试验区都有区域联动和区域带动（长江经济带、京津冀一体化、粤港澳大湾区和海峡经济圈）和服务国家对外开放的"一带一路"倡议的任务。但在现实中，各省的自由贸易试验区较多专注于自身的要素集聚和招商引资，而较少研究区域协调发展和服务国家战略，即使同一省份的不同片区之间联动性也相当不足。

第四章 中国自由贸易试验区制度创新成效的量化评估

一、自由贸易试验区制度创新指数评价

自由贸易试验区成效的评估科学反映各个自由贸易试验区每年的工作进展和成效。中山大学自贸区综合研究院在自由贸易试验区的第三方评估中走在同行的前面。从2015年开始，到目前，已经和新华网合作，连续3年发布"中国自由贸易试验区制度创新指数"，对每个自由贸易试验区每年的制度创新情况进行诊断。测度与评估自由贸易试验区制度创新指数，一方面，有利于从宏观层面准确把握制度创新的理论框架和内容体系，形成科学、客观的量化分析机制；另一方面，有利于洞悉自贸片区各自的制度创新优势和改革攻坚难点，形成更开放、更高效的决策机制。之后，上海财经大学自由贸易区研究院在2018年3月发布了"自由贸易试验区卓越指数"。两家智库选择的评估指标有一定的区别。中山大学自贸区综合研究院的评估指标突出自由贸易试验区的核心——制度创新；而上海财经大学自由贸易区研究院的评估指标侧重自由贸易试验区营商环境和经济发展。

（一）中山大学自贸区综合研究院"自由贸易试验区制度创新指数"

中山大学自贸区综合研究院的"中国自由贸易试验区制度创新指数"评估遵循客观性、连续性、系统性和科学性的评价

原则，以各自由贸易试验区总体方案和实施方案列明的主要改革试点任务作为指标体系设计的基础。评估对象是上海、广东、天津和福建四大自由贸易试验区的 8 个片区。"指标体系"的设计基于以下依据：一是四大自由贸易试验区颁布的总体方案和实施方案，旨在明确制度创新的重要领域和重点任务；二是参考世界银行 Doing Business Report、TPP 与 BITs 对于营商环境、投资与贸易规则的评价指标，旨在对标国际高标准的规则体系；三是四大自由贸易试验区（8 个片区）改革创新成效与典型案例的主要分布领域，旨在凸显指标体系设计的区域性和改革共性；四是自由贸易试验区内外资企业的调研信息以及相关领域专家访谈所归纳的改革侧重点，旨在将理论分析与显示性需求统一起来，使得指标体系的设计更符合企业的发展诉求。

"2015—2016 年度中国自由贸易试验区制度创新指数"报告从贸易便利化、投资管理体制改革、金融管理与制度创新、政府职能转变 4 个一级指标（涵盖 14 个二级指标、42 个三级指标）测度了 4 个自由贸易试验区 8 个自贸片区的制度创新成效。

"2016—2017 年度中国自由贸易试验区制度创新指数"报告在 2015—2016 年的第一版的基础上进行了指标的优化，选取了投资便利化、贸易便利化、金融创新、政府职能转变、法治化建设 5 个一级指标、19 个二级指标和 59 个三级指标，对 4 个自由贸易试验区共 8 个片区的制度创新成效进行系统性、深层次和多视角的评估。见表 4 – 1。

表 4 – 1　自由贸易试验区制度创新指数指标体系

一级指标	二级指标
投资便利化	市场准入
	商事登记
	投资管理
	企业服务

续上表

一级指标	二级指标
贸易便利化	口岸管理
	通关环境
	贸易功能转型
	辐射带动效能
金融创新	金融服务能力
	金融放开水平
	金融监管水平
政府职能转变	行政审批改革
	事中事后监管
	政府管理能力
	政府服务能力
法治化建设	立法完善
	执法公正
	司法严明
	法律服务国际化

在指数评价测度过程中，8个自贸片区的数据来源主要通过3个渠道：一是中山大学自贸区综合研究院所有研究人员多次赴各个自由贸易试验区进行实地考察调研，与自由贸易试验区所在地的政府官员和企业代表座谈，获取许多一手资料；二是中山大学自贸区综合研究院拥有自己的自由贸易试验区数据库，定期收集自由贸易试验区建设的相关数据和资料；三是跟踪收集人民日报、新华社以及各个自由贸易试验区所在省市机关报等权威媒体的相关报道。见表4-2。

表4-2 2016—2017年度中国自由贸易试验区制度创新指数评价展示

总指数得分	投资便利化	贸易便利化	金融创新	政府职能转变	法治化
上海0.812	前海0.817	南沙0.850	上海0.856	前海0.757	前海0.787
前海0.810	上海0.807	上海0.848	前海0.836	上海0.755	厦门0.779

续上表

总指数得分	投资便利化	贸易便利化	金融创新	政府职能转变	法治化
南沙 0.786	横琴 0.791	前海 0.843	天津 0.836	横琴 0.747	上海 0.753
厦门 0.781	南沙 0.790	天津 0.824	南沙 0.803	南沙 0.743	横琴 0.748
天津 0.776	福州 0.765	厦门 0.819	厦门 0.800	福州 0.733	南沙 0.733
横琴 0.772	厦门 0.764	福州 0.815	横琴 0.785	厦门 0.724	福州 0.731
福州 0.767	天津 0.754	平潭 0.784	福州 0.784	平潭 0.723	天津 0.731
平潭 0.743	平潭 0.736	横琴 0.769	平潭 0.741	天津 0.720	平潭 0.727

2017—2018年，中山大学自贸区综合研究院在之前的"中国自由贸易试验区制度创新指数"评价的基础上更进一步，与数据库公司达成合作，通过大数据抓取的方式，使得统计资料更全面，数据更新更及时。

从一开始，中山大学自贸区综合研究院评估小组就秉持客观公正、评估有依据的原则，对制度创新成效的评估更加注重创新措施的含金量和实施效果，而非一味关注经济体量。自由贸易试验区制度创新成效采用得分法进行分梯队，淡化具体的排名，强调各个自由贸易试验区的制度创新进步空间。2015—2018年，3年来，各个自由贸易试验区均取得了较好的试验成绩，不同省份不同片区在制度创新领域的快慢有别、重点各异、特色鲜明，片区间的制度创新绩效的差距呈现缩小的趋势。体现了在中央的顶层设计指导下，地方政府对深化改革，扩大开放的积极性、主动性和创造性得到加强。

（二）上海财经大学自由贸易区研究院"自由贸易试验区卓越指数"

2018年3月，由中国自由贸易试验区协同创新中心、上海财经大学研究形成的"自由贸易试验区卓越指数"（见图4-1）评价体系发布。指数体系的设计借鉴了世界银行的《全球营商环境报告》及中国循环经济指标体系、世界发展指标等，世界知识产权组织的"全球创新指数"等,并参考了世界自由贸易区组织推出的"未来自由贸易试验区计划"。

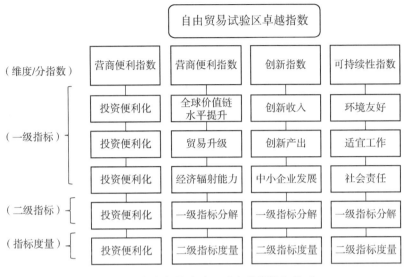

图4-1 自由贸易试验区"卓越指数"体系

评估指标体系设计主要分为4个维度:营商便利维度、经济贡献维度、创新维度和可持续性维度。这4个维度下分别有3个一级指标,强调自由贸易试验区的功能性,在每个一级指标下有相对应的2～3个二级指标。如营商便利指数,主要是指口岸通关时间,口岸通关时间是衡量跨境贸易便利化最重要的客观指标之一,缩短口岸通关时间对于促进跨境贸易、降低企业物流成本起着重要作用。投资贸易自由、规则开放透明、监管公平高效、营商环境便利等核心要素权重较大。

二、自由贸易试验区制度创新的企业感观

传统的自由贸易试验区研究均以定性分析和政策从上而下地推行效果评估为主。从企业角度出发,通过大量一手数据收集来研究自由贸易试验区制度创新效果的成果相对较少。因此,本研

究力求在自由贸易试验区制度创新的案例研究上有所突破。

（一）从企业角度研究自由贸易试验区制度创新成效

目前，已有的自由贸易试验区制度创新评估主要采用定性评估为主，如完成多少任务清单、下放多少权限、推出什么通关便利化措施等等。较少通过对企业进行大量的问卷调查，得出企业对自由贸易试验区制度创新的感知情况，而且，各个自由贸易试验区均会推出一些改革成效总结。但这些总结基本是从地方政府完成自由贸易试验区任务出发，是"达标率"的自评，缺乏企业评价这一环节。

本研究通过选择广东自由贸易试验区南沙片区作为典型代表案例，以问卷调查的方法展示企业对自由贸易试验区的改革满意度，以期为其他自由贸易试验区进行企业满意度分析提供抛砖引玉的作用。而基于南沙新区片区的研究尽管大部分都适合于其他自由贸易试验区的研究，但南沙新区片区的特情可能是其他片区所没有的。因此，不同片区在设计企业问卷的时候可以在相应的特色指标上做出调整。

（二）研究方案设计

1. 测量指标选取

构建以自由贸易试验区制度创新体系的5个指标（政府职能转变、投资便利化、贸易便利化、金融放开和法治化建设）为基础的评估体系，增加"企业减负"和"创新创业和生活环境"2个指标，共7个测量指标作为因变量，选择"企业满意度"和"制度创新成效"2个指标作为因变量，并以注册在自由贸易试验区并且在自由贸易试验区运营的企业为调研对象，进行问卷发送，以便了解自由贸易试验区企业对本片区的制度创新的感知和满意情况。

2. 问卷内容设置

考虑到企业维度对制度创新的了解特情，将7个自变量的测量项目进行修改并提交给相关的专家学者和当地自由贸易试验区管委会各个职能部门人员进行修正，最后，形成了政府职能转变的测量选项8个，包括政府服务的硬件设施（停车、交通、等待区）、政府服务的配套服务（银行、复印、咨询等）、办事流程指引的清晰性、办事效率、工作人员的专业性、政府便民方式、政府服务的移情性、政府各部门的沟通性。投资便利化的测量选项4个，包括投资准入门槛、投资信息公开透明度、投资政策宣传度、投资服务。贸易便利化的测量选项3个，包括通关效率、贸易监管水平、产品和人员资质检验和互认。金融服务的测量选项3个，包括资金流通的便捷度、金融机构的可选择性、融资难易。法治化建设的测量选项3个，包括企业诚信经营环境、法律纠纷处理情况、法律服务机构数量和质量。企业减负的测量选项4个，包括财政税收优惠、创新扶持与奖励、人才公寓提供和购房优惠、社保补贴。创新创业环境的测量选项4个，包括城市活力、投资前景、商业配套、生活配套。在"政府职能转变"指标上，考虑到简政放权和事中事后监管是政府内部的问题，企业接触不多，因此，在测项选择上侧重政府行政服务方面。作为自由贸易试验区的窗口，行政服务中心提供了很多与企业接触的平台，除了国税、地税和街道两个政府行政机构外，集中研究行政服务中心的企业满意。在"贸易便利化"指标测量上，笔者注意到贸易便利化领域只有涉及进出口贸易的企业才对贸易便利化制度创新有所感知。因此，调查对象要求是进出口贸易公司才能回答该项选题，在统计模型处理上有可能不纳入分析范畴。在自由贸易试验区"金融放开"领域，考虑到非金融企业对金融制度接触不多，因此，把指标调整为"金融服务"，重点了解自由贸易试验区各行各业对该区金融服务的满意度。在"法治化"指标上，传统的立法、行政与企业相距甚远，因此，笔者把该指标调整为"法律环境和法律服务"。在测量方法上，采用李克特五点法进行满意度打分。问卷设计内容详见附件。

3. 调研过程

第一步,邀请相关领域专家和政府工作人员对问卷每个选项进行审阅和修正,然后,在南沙行政服务中心对办事企业进行问卷内容反馈,根据企业人员的要求进行问卷修改,让测量更加满足企业角度阅读和理解选项更为直白易懂。

第二步,笔者对中山大学和华南理工大学的大三、大四本科生进行问卷调查培训,然后每天派一名本科生到南沙行政服务中心对企业进行问卷调查。为了防止企业重复回答,问卷设置了要求企业填写企业名称等问题。为了防止不匹配企业回答,笔者要求调研人员甄别企业人员后才进行问卷发送,并且现场监督企业人员填写和立刻回收检查,以保证有效性。为了提升企业人员填写问卷的积极性,课题组为填写有效的企业人员赠予小礼物一份。

第三步,对有效的回收问卷进行计算机录入,做出初步统计,并进行图示化。

(三) 问卷数据分析

通过10个工作日的跟踪性问卷调查,回收的有效问卷为142份。调研的企业涉及金融、教育、批发零售、科技信息、贸易物流、文化产业等多个领域,行业样本具有一定的覆盖性。问卷结果大体能反映南沙大部分企业的共性制度感知。(见表4-3)

表4-3 可靠性分析

测项	Cronbach's Alpha*	项数/项
政府职能转变	0.892	8
投资便利化	0.908	4
贸易便利化	—	3
金融服务	0.912	3
法治化建设	0.874	3

续上表

测 项	Cronbach's Alpha*	项数/项
企业减负	0.913	4
创新创业环境	0.873	4
企业满意度	0.857	3
制度创新成效	0.866	3

*克朗巴哈系数。

（1）信度分析。采用软件计算方法，对142份问卷进行了可靠性分析。由于贸易便利化的问卷只能是进出口贸易公司，因此，142份问卷中有23份（23家与进出口贸易相关企业）回答了贸易便利化问题。基于统计口径的一致性，我们没有对贸易便利化指标进行可靠性分析，但后面的简单统计，仍以问卷数的平均得分计算。根据 Nunnally（1978）的概念所确定，问卷的信度通常情况下 Cronbach's Alpha 系数在0.6以上被认为可信度较高。从表4-3可以看出，Cronbach's Alpha 都远远高于0.6。由此可见，问卷的可信度很高。

（2）显著度分析。通过构建自变量为政府职能转变、投资便利化、贸易便利化、金融服务、法治化建设、企业减负和创业生活环境，中介变量为企业满意度，因变量为制度创新成效的结构方程模型。对所有问卷统计数据进行回归，结果见图4-2。分析发现，所有的路径系数均远远高于关系显著度为0.15的值域。由此可见，南沙片区制度创新各项指标都显著影响了企业的满意度，并通过企业满意度显著影响制度创新成效。从而印证，南沙片区制度创新改革获得了一定的企业满意度并取得一定的改革成效。

（四）制度创新的企业需求特征

1. 南沙片区制度创新的企业满意度

南沙片区企业对自由贸易试验区制度创新的5个领域以及企

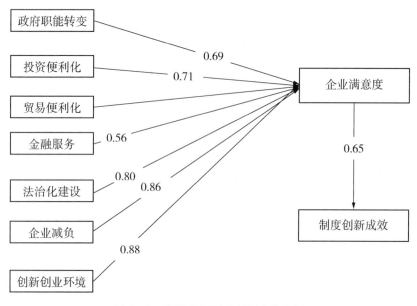

图 4-2 南沙片区制度创新成效分析

业减负和创新环境满意度的统计发现，政府职能转变满意度最高，然后依次是贸易便利化、法治化建设、投资便利化、创新创业环境、金融服务、企业减负。调研结果对以往自由贸易试验区定性分析的结果进行了印证。具体对南沙片区而言，与前两年课题组所在单位对自由贸易试验区各片区的制度创新指数测量结果比较吻合。

南沙的政府职能转变和贸易便利化满意度最高。根据南沙企业和横向对比番禺和天河两区的行政服务中心服务发现，南沙的政府服务做得相对较好，特别是办事效率和便利性方面。贸易便利化作为南沙"单一窗口"和"智慧口岸"的卓越成效反映，企业的满意度也体现出此信息，见图 4-3、图 4-4。

值得重视的仍然是金融服务方面的融资难问题，特别是中小企业反映，要进行融资还得经过各种门槛和资质审查，并且手续依然麻烦。

问卷体现出一个被以往研究忽视的问题，亦正是本研究意图通过企业问卷解决的问题就是企业的制度创新获得性问题。从企

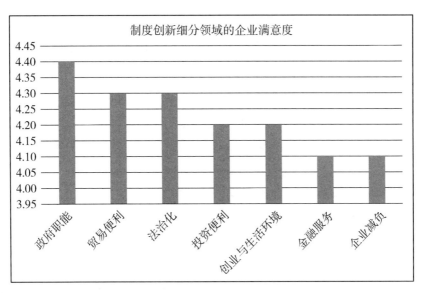

图 4-3 南沙片区制度创新的企业满意度排行

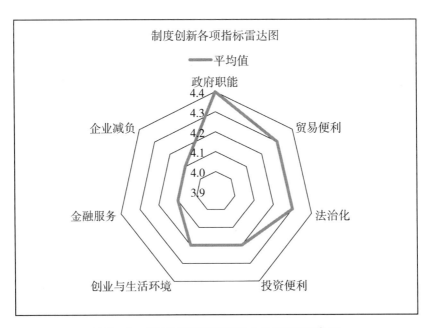

图 4-4 南沙片区制度创新的企业满意度雷达图

业减负可以看出,所有指标该项得分最低。也就是说,在自由贸易试验区内,中小企业和大企业得到的待遇是不一样的。中小企业在财政税收优惠和创新创业扶持方面并没有得到政府大力度的扶持。中小企业在南沙片区创业仍未获得更多的"制度红利"和"政策红利"。因此,南沙集聚中小企业的能力也相对不强。

2. 南沙片区制度创新各个领域的企业满意度细分

(1) 政府职能转变的企业满意度方面。政府工作人员业务素质、办事指引、配套服务相对满意度较高,这主要得益于行政服务大厅的软件建设和办事人员办事效率的提升。得分较低的为政府服务的硬件设施和部门沟通问题。硬件设施得分较低的原因是南沙企业人员办事主要通过自驾车前往,但从现场观察看,每天早上上班时间办事人员在行政服务中心都需要排队进入。这是企业人员对停车场硬件不满意的原因,从而拉低了硬件设施的得分。政府部门的沟通得分不高的原因也在于尽管推行了"多窗口合一",但企业跑完所有流程需要跑几个窗口,有时候也会遇到企业对部门与部门之间功能模糊认识的问题。见图4-5。

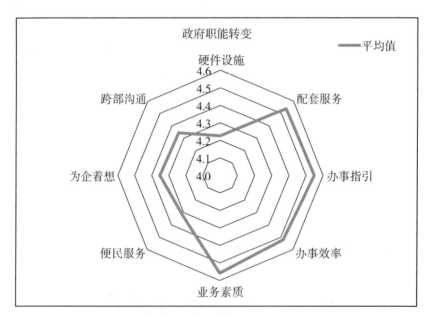

图4-5 南沙片区政府职能转变的企业满意度雷达图

(2) 投资便利化的企业满意度方面。投资便利化4个测量的得分普遍不是特别高。其中，较低的是投资政策的了解程度和投资服务。中小企业反映政府推出的政策较多，而且也不知道如何去利用，有些企业甚至从来不关注政府推出的政策。从问卷看出，大企业对投资政策的了解程度高于中小企业，原因在于大企业和地方政府关系较为密切，而且有专门的部门对接政府有关部门。投资服务的满意度相对较低，主要仍在于中小企业获得的政府投资服务相对较少，感知不深，获得感不高。见图4-6。

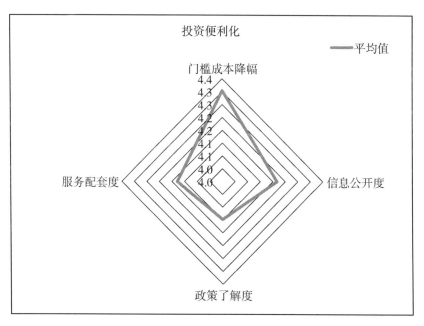

图4-6 南沙片区投资便利化的企业满意度

（3）贸易便利化的企业满意度方面。南沙片区贸易便利化的满意度相对较高，而且各个测量得分较为平均。进出口贸易公司对南沙片区的通关效率、监管水平和产品、人员检验和资质互认都比较认可。从南沙的"单一窗口"建设，到南沙检验检疫局推出的"全球质量溯源体系"的创新举措均可以得到案例印证。见图4-7。

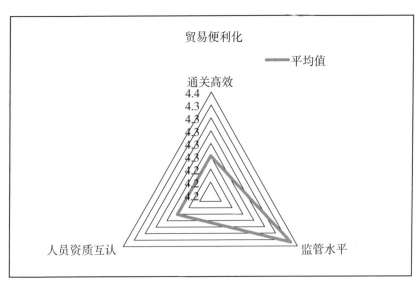

图 4-7 南沙片区贸易便利化的企业满意度

（4）金融服务的企业满意度方面。从资金流动便捷性、金融机构可选择性和融资难易 3 个测项可以看出，融资难仍然是金融服务中制约中小企业的重要问题。有些企业反映，企业要进行借贷，还得提供抵押和资格证明，并且贷款额度和放款速度都并不理想。见图 4-8。

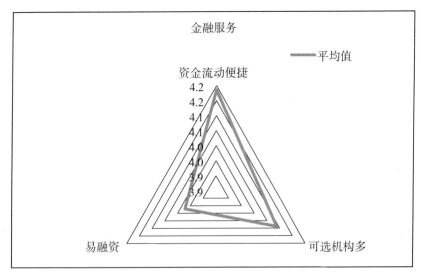

图 4-8 南沙片区金融服务的企业满意度

(5) 法治化建设的企业满意度方面。调查的企业对南沙法治化环境较为满意。主要得益于南沙除了在自由贸易试验区建设前后进驻了一批律师事务所之外，还推行了港澳与内地联营律师事务所等创新举措，丰富了南沙的法律服务体系。见图4-9。

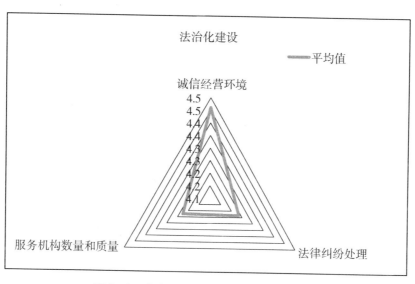

图4-9 南沙片区法治化建设的企业满意度

(6) 企业减负的企业满意度方面。调研结果很好地显示了目前企业创新创业成本仍高及政府扶持效果仍不理想的状况。尽管南沙最近推出了人才政策和"1+1+10"政策，但对于中小企业及新创企业来说，享受到的优惠政策和财政支持非常不足。包括税收优惠、社保补贴、人才公寓和购房优惠等"立竿见影"式的政策从设计到推行还有一定"鸿沟"。一些企业反映，他们也不知道政府提供什么政策优惠，有些也不知道南沙提供人才公寓，而对南沙片区青年创业的购房政策设计仍处于空白期。南沙片区在对中小企业的"精准扶持"政策研究仍有偏差。见图4-10。

(7) 南沙片区创业和生活环境的企业满意度方面。4个测量项目的分数很好地反映了南沙片区的城市现状。生活配套得分最

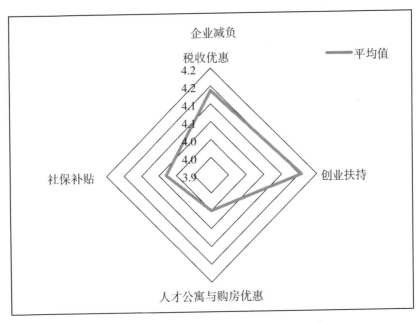

图 4-10 南沙片区企业减负的企业满意度

低,其次是城市活力。较多企业反映南沙片区目前交通的便捷性不高,出行交通选择不多。南沙片区"有城无市"的现象较为明显,因此,解决南沙片区人气不足制约及如何集聚更多人气仍然是目前几年南沙需要重点研究的问题。见图4-11。

3. 南沙片区制度创新成效的企业评价

(1) 南沙片区制度创新的企业满意度方面。3个测量项目中,受访者对南沙行政服务的满意度最高。这充分反映了自由贸易试验区设置后对行政服务质量和效率提升的促进作用。在自由贸易试验区形成创新改革的氛围和压力,促进自由贸易试验区建设取得成功。3个选项中对政策利好的获得感评价较低,自由贸易试验区推行很多政策,但大多数仍是自上而下推动,由于自由贸易试验区成立时间相对较短,政策论证时间不够充分,因此,企业需求的政策反映度较低。下一步,自由贸易试验区制度创新和政策制定要更多地从行业特征和企业需求出发。见图4-12。

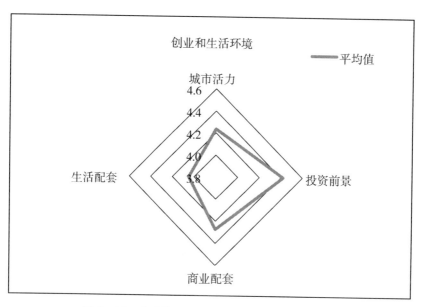

图4-11 南沙片区创业和生活环境的企业满意度

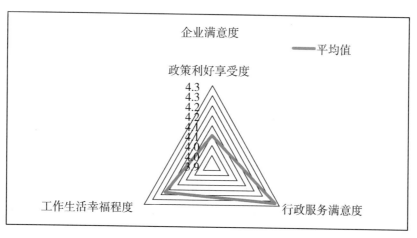

图4-12 南沙片区制度创新的企业满意度

（2）南沙片区制度创新的成效方面。3个评价指标包括企业增长性、企业植根性和企业推荐度。与预期有所不同的是，南沙片区企业会向别人推荐南沙自由贸易试验区的比率高于企业本身是否会固守南沙的比率。其原因可能是南沙中小企业对自身业务前景并不确定，但基于对自由贸易试验区利好的判断，则比较主动地向别人推荐南沙。见图 4-13。

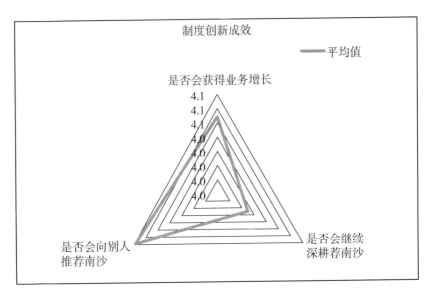

图 4-13 南沙片区制度创新的成效

4. 制度创新的突破点

最后，调查问卷设置了一道开放式问题，要求企业回答"你认为南沙最需要改善的地方"。其中，交通不便、财政支持不足和教育医疗配套不足是南沙企业认为南沙最需要改进的地方。因此，党的十九大后，南沙片区在"三中心一体系"的定位下，在建设广州城市副中心、粤港澳大湾区枢纽城市的背景下，亟须解决交通枢纽建设，与周边联通、企业财税支持政策设计调整和教育医疗设施的加大投入三方面的问题。见图 4-14。

三、小结

对中国自由贸易试验区成果的评估总结一般以定性为主，缺乏定量分析。本章列举了两种量化地评估自由贸易试验区制度创新成效的方法。第一种方法是对自由贸易试验区制度创新体系进行分三级指标并赋值，通过权重计算，给每个自由贸易试验区片

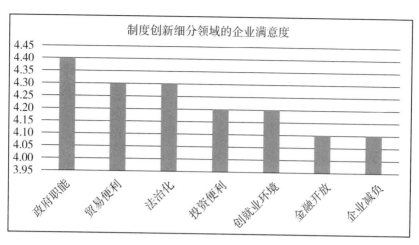

图 4-14 南沙片区企业认为南沙需要改进的地方

区进行打分。这种评估方法比较科学，但对每个自由贸易试验区片区一手统计数据的准确度和全面性要求较高。中山大学自贸区综合研究院通过与大数据公司进行合作，在公开类的数据抓取上已经非常全面，但涉及一些政府内部文件或一些不可量化的细分指标可能会对最终结果造成一定的偏差。因此，自由贸易试验区制度创新指数更重视的是每个自贸片区自身的改革发展，而淡化各个片区之间的比较，这有利于各个片区根据自身条件、水平、所处发展阶段进行匹配的改革，谨防"一哄而上"，为改革而改革，最终并没有给地区和企业带来实际的促进作用。

对比之，从企业角度看自由贸易试验区改革成效尤为重要。而目前从企业角度研究自由贸易试验区制度创新成效的研究成果基本没有。本研究通过对广东南沙新区片区的企业进行面对面的问卷调查，得出一系列企业对自由贸易试验区制度创新成效的观感，有利于政府从企业需求中去修正或增加政策供给。由于条件限制，目前企业层面的调研数据只选取了南沙片区作为典型案例进行剖析，但 11 个自由贸易试验区 20 多个片区的发展情况都不一样。因此，对中国所有自由贸易试验区企业进行大规模问卷调查，是十分有意义的。本研究方法和案例展示也期待能起到抛砖引玉的作用。

第五章　中国自由贸易试验区的深化改革方向

一、赋予更大的改革开放权：自由贸易港

（一）有了自由贸易试验区，为什么还要建自由贸易港

自由贸易港是改革开放权更大的试验区。2017年3月31日国务院发布的《全面深化中国（上海）自由贸易试验区改革开放方案》（以下简称"深改方案"）提到了中国自由贸易港的内涵和特征。深改方案中指出，对标国际最高水平，实施更高标准的"一线放开、二线安全高效管住"贸易监管制度，"取消或最大限度简化入区货物的贸易管制措施，最大限度简化一线申报手续"。自由贸易港的核心功能是贸易便利化，深改方案也明确提到了"探索实施符合国际通行做法的金融、外汇、投资和出入境管理制度"，可实现要素的自由流动。在管理机构方面，"根据国家授权实行集约管理体制，在口岸风险有效防控的前提下，依托信息化监管手段，取消或最大限度简化入区货物的贸易管制措施，最大限度简化一线申报手续"。这意味着中国的自由贸易港未来会设立专门的机构综合管理自贸港区，整合地方政府和中央机构的职能。

自由贸易港是自由贸易试验区的缩小版、精准版和升级版。自由贸易港与自由贸易试验区的区别在于，自由贸易港是港口或港口的一部分，既包含了自由港豁免关税、自由进出规则，又涵

盖自由贸易试验区加工增值作业区的概念。十三届全国政协主席汪洋在人民日报的署名文章《推动形成全面开放新格局》提出探索设立自由贸易港，并定义为"自由港是设在一国（地区）境内关外、货物资金人员进出自由、绝大多数商品免征关税的特定区域，是目前全球开放水平最高的特殊经济功能区"。自由贸易港不一定单指海港，内陆港、空港都可以，应该是开放程度更高的地区，在国家授权后展开更高水平的开放试验。现代自由贸易港应当是高度开放的贸易制度，发达的海港、空港和信息港，规范便利的运行机制，综合经济基础实力雄厚、能够集聚高能级的贸易主体，贸易辐射能力强，要素流动通畅，能够在全球贸易往来体系中起到集散和枢纽中心作用。

（二）我国设立自由贸易港的战略意义

虽然自由贸易试验区建设取得了一定成效，但是在推动改革、提升对外开放水平方面仍然存在很多问题。自由贸易港区的建设，在一定程度上承担了自由贸易试验区的任务，但又不能将自由贸易港区等同于自由贸易试验区的升级版，自由贸易港区应当是在更大程度上的战略。自由贸易港从国家战略层面看具有三方面的意义。

1. 从点、线、面三方面来实现对自由港的监管

"点"的监管主要是针对自由贸易港区内的企业，可运用信息化手段、诚信档案管理、自律管理等多种手段，实现管理方式由货物管理向企业管理转变。自由贸易港内企业交易自由，免征国内增值税、消费税。"线"方面，当前自由贸易试验区的建设中，一线不能够真正地放开，二线管得太死，贸易便利化还是存在一些障碍。而实行自由贸易港，可在保税港区、综合保税区、保税物流中心等海关特殊监管区域内，设立自由贸易港区。按照国际化标准，实施"一线放开"的货物进出境模式，大多数货物可自由进出自由贸易港，免予报关报检手续，免予检验及前置性准入要求，不缴纳关税和进口环节海关代征税，不纳入贸易统

计。实施"二线管住"的货物监管制度，自由贸易港与境内港外之间实施围网监管与卡口进出管理，进出的货物、物品、运输工具和个人，应当接受自由贸易港监管部门的监管。从"面"方面来看，将自由贸易港按照若干个不同领域、不同模式、不同产业、不同要素进行分类监管，依托自由贸易港区彻底打通国内和国外两个不同的要素市场，提升自由贸易港区配置境内外自由的能力。

2. 对标国际规则，实行更高水平的对外开放措施

自由贸易试验区的核心任务主要在制度创新，经过3年多的改革建设，已有100多项创新制度在全国推广。但是，在推动对外开放，对标国际贸易投资的规则上，自由贸易试验区所取得成效不大。自由贸易港作为全球最高级别的开放特区，必然会推动进一步对外开放。通过自由贸易港的建设，可实行更高水平的贸易和投资自由化便利化政策，包括对接TISA全球服务贸易协定，世贸组织《贸易便利化协定》BIT投资保护协定等国际游戏规则。逐渐实行准入前国民待遇加负面清单管理制度，大幅度放宽市场准入，扩大服务业对外开放。与此同时，我国已经与多个国家和地区签署了多项自由贸易协定，需要有实体的港口进行对接，自由贸易港就可以充当此功能。

3. 自由贸易港更好地服务国家战略

无论国际形势的未来走向如何，中国都将继续深化改革、扩大开放，为开放型世界经济的发展做出贡献。自由贸易港能够更好地支持和推动"一带一路"倡议，我国的自由贸易港都应当承担"点"的重任，成为连接中外的重要节点。实施自由贸易港战略，也是我国改革开放的深水区，是国家主动深化开放，适应经济全球化新趋势的客观要求，也是全面深化改革、构建开放型经济新体制的必然选择。另外，通过自由贸易港的建设，也能够更好地搭建"走出去""引进来"的平台，更好地为国内企业和民众服务。未来通过自由贸易港区的建设，探索国际贸易新的准则和机制，我国还可以提出全球经济治理的新方略，成为国际

规则的参与者、贡献者与引领者。

(三) 自由贸易港的监管模式

国(境)外自贸港的海关监管以便利高效为导向。一是"境内关外",为提高境外与自由贸易区之间货物进出口岸的效率,国际通行的做法是不需要履行报关手续,境外货物可以不受海关监管自由地进入自由贸易区,区内货物也可以不受海关监管自由地运出境外。二是"港区联动",自由贸易区实行海港、空港与保税区之间的多元联动、一体化运作。三是信息化管理,通过多政府职能部门的整合,以"一站式"电子通关系统处理企业业务申报、数据传输、资料处理、核准作业流程及回执接受等功能,通关效率显著提升,成本显著下降。见表5-1。

表5-1 国(境)外自由贸易港的海关监管模式

代表	运作模式	海关监管
美国纽约港	对外贸易区	外国商品如何不进入海关关区内用于国内消费,不需要执行正常的进出口报关程序和支付关税;货物从对外贸易区进入美国关税区之前要求填报入库表,可以在货物进入关税区后10天才缴纳关税
德国汉堡港	自由港	凡是进出或转运货物在自由港装卸、转船和储存不受海关的任何限制,货物进出不要求每批立即申报与查验,甚至45天之内转口的货物无须记录
荷兰鹿特丹港	保税仓库	货物从港区的一个保税仓库运往另一个保税仓库无须清关,货物从港区保税仓库运往内陆腹地的保税仓库无须清关
中国香港	自由港市	海关以依据本身经验判断货主过去通关记录、外部情报等,对通关货物进行抽检而不是全部查验
新加坡港	自由港市	进口产品一般没有配额限制,大部分货物无须许可证即可免税进口

1. 通过物理围网和保税功能实现贸易便利化

发挥自由贸易港货物贸易的转口贸易和辐射腹地的功能，特殊区内可以实现真正意义上的"境内关外"和"一线放开"最高的国际贸易准则。可以在已有的综合保税港区基础之上建设，也可以是空港或者陆港，在该区内实现要素的自由流动，包括货物的自由流动、税收减免和人员自由来往等充分自由。改变传统的海关监管方式，采用新型的贸易便利化方式，对于船舶和货物进出大量采用备案登记制，给予充分自由。可实行区域一体化运作机制，可以是政府成立单独的部门监管，也可以是专业的公司进行运作。

2. 自由贸易港的辐射空间放大，解决改革自主权

落实习近平总书记的"大胆试、大胆闯、自主改"的重要指示，如果仅仅是在保税区内，无法实现其功能，并且现代自由港，其货物流动背后的服务业、金融业和信息流才是发展的重点，这就需要设计保税和产业发展的功能。自由贸易港周边的若干特色产业园区就是落实改革自主权的一个个"试验田"，在产业园区内部可控的范围内可以试验任何政策措施。可以是围绕"境内关外"建立若干个允许某些要素进入特殊产业园区［如国（境）外资本、人员自由进入］，也可以是某些产业活新业态开放的平台（如离岸金融、离岸互联网经济等），这些园区可以是封闭的空间，也可以是开放的空间，主要是能够享受到自由贸易港所带来的便利性及政策上的一些特权。

3. 自由贸易港是自由贸易区制度创新的突破口

在推动中央与地方分治体制方面进行一些改革创新，包括各个部委与地方政府改革之间的关系，在推动改革时怎样协调各个部门，希望通过设立专门的深化改革领导小组，推动自由贸易港顶层设计。通过自由贸易港解决服务贸易对外开放瓶颈问题，可在自由贸易港内开放某些服务业，如在医疗、会计等特殊领域可以实行国（境）外的行业标准与规定，梳理与国内法律体系、规则制度和行业准则等存在的冲突，为进一步服务业扩大开放提

供制度设计。与国际接轨，完善负面清单制度，解决外商投资"大门开、小门关"的现象，进一步研究市场准入前国民待遇、注册资本认缴制、"证照分离"等在自由贸易试验区内取得一定成效，但还需要进一步完善规章制度。对部分商品实现"境内关外"，对于进入自由贸易港区内的货物，实行更高程度的贸易便利化。采用货物状态分类监管模式，改变以往的物理分割监管模式。对于进入自由贸易试验区不进入关境内的大部分货物免征关税。自由贸易港建设需要在金融改革创新方面有一些新的突破，可以通过发展"离岸"金融体系，外汇管理体制改革，在自由贸易港区内开展新的金融业务，与国际银行运营规则接轨。

（四）自由贸易港的"港—产—城"联动

1. 国（境）外"港—城"联动的演变

西方学者对"港—城"关系的研究历时半个世纪，呈现出明显的阶段性。20世纪八九十年代西方"港—城"面临着从工业化步入后工业化的功能转型，研究热点从临港工业转向了滨水区的开发，实质是经济转型期的"港—城"职能关系及空间关系的重构：工业港口衰退、振兴"港—城"服务经济、混合开发滨海空间。不同于 Hoyle 等西方学者总结的"港—城"关系的五阶段论：初始、空间扩张、工业开发、港区衰退、滨水区再开发，Sung-Woo Lee 等学者依据中国香港地区和新加坡实例提出了"港—城"职能一直协调互动的亚洲联动模式（Asian consolidation model）。根据 Hoyle 和 Murphey 提出的西方"港—城"关系的演进阶段论，"港—城"的空间关系和职能关系普遍经历了从临港工业推动的"港—城"一体化发展，到工业经济转型期的"港—城"空间分离及职能分离，再到20世纪90年代的滨水区的再开发。与西方的"港—城"分离形成鲜明对比的是，虽然新加坡也历经了多次港口和经济转型，其"港—城"关系最终走向了深度化和网络化发展的新阶段。图5-1（a）、（b）分别代表了西方自由贸易港区和新加坡自由贸易港区的"港—城"联动发展过程。

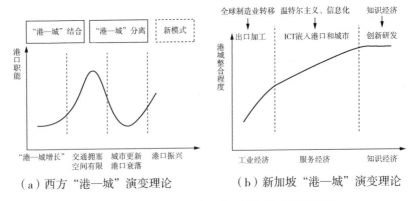

图 5-1 西方和新加坡"港—城"联动发展过程

基于自由贸易港的"港—城融合"模式，主要是历史悠久的自由贸易港扩大腹地的产业类型，以及引入综合性的商业配套。有的甚至把"港区与周边城市"进行整体的经济区发展规划，如韩国釜山。有的是全域性的自由贸易港区，如香港就是港和城市融为一体。对比之，新加坡则以海港和空港作为主要依托，发展周边镇区，并特别注重人居与环保绿化。综合国（境）外自由贸易港区的区位与功能定位及其演进，总结出 3 种模式：第一种是以美国纽约港、德国科隆港和荷兰鹿特丹港为代表的港口工业模式，第二种是以迪拜港为代表的"1+N"模式，第三种是以韩国釜山、中国香港和新加坡为代表的东南亚"港—城"模式。见表 5-2。

表 5-2 国（境）外自由贸易港港—城融合的经验

代　表	港—城融合的做法
德国科隆港	利用 Grasbrook 和 Baakenhafen 港之间 155 公顷被废弃的码头区进行 25 年的规划建设，使汉堡市中心向南拓宽 40%，创造一个具有居住、商务、休闲、购物、教育、文化和旅游多重功能的中央商务区。港口新城将提供 180 万平方米的建筑设施，包括 5500 套新式公寓，满足 12000 人的居住需求；同时发展媒体、数字和商务咨询产业，创造 40000 个新的工作机会；并打造汉堡最具魅力的旅游目的点，每年吸引游客 1800 万人次

续上表

代　表	港—城融合的做法
荷兰鹿特丹港	鹿特丹作为重要的国际贸易中心和工业基地，在港区内实行"比自由港还自由"的政策，是一个典型的港城一体化的国际城市。拥有大约3500家国际贸易公司，拥有一条包括炼油、石油化工、船舶修造、港口机械、食品等部门的临海沿河工业带
韩国釜山港	依托釜山新港，由新港湾、熊东、头洞、南门、鸣旨5个区域组成，产业区域组成大致为物流流通区、商务居住区、海洋运动娱乐休闲区、专业教育、R&D区、知识产业区等。其目标是到2020年定居人口达到24万，未来将建成尖端产业及物流、国际商务、观光休闲产业相协调的有创意性的新都市
中国香港港	香港自由港已经从单一的转口港发展成为包括多样化服务产业并举的综合型自由港。一是由于香港港具有自由口岸的功能，可以带动中转贸易、海事补给和船舶修理等相关港口物流业的发展；二是由于港内免征商品税，可以充分发展免税出口工业，起到出口加工区的功效；三是免征商品的进口关税，能形成价格低廉的国际购物中心，带动国际贸易和国际旅游业的发展，从而带动周边房地产、金融、商贸等全面发展
新加坡港	第一，规划环保化，石化工业安置于独立、封闭、环保、安全的裕廊石化人工岛；第二，技术高端化，采用一体化的生产体系和后勤服务以节约资源和空间，比如公司可节省25%～30%的投资成本和10%～15%的后勤费用；第三，产业集群化，通过链接上下游产品的一体化的"化工产业集群"。此外，新加坡还积极改良了空间开发的准入标准，妥善解决了临港空间的赢利性与城市空间的公益性（生态、公平等非市场价值）之间的先天冲突。例如，以环境影响作为地块用途开发的门槛，鼓励滨海空间的混合用途开发，既实现了环保控制，又利于地块用途对市场需求的弹性响应，比如"白色区域"（无污染区）的混合开发理念

2. 自由贸易港对周边产业园区的带动

以自由贸易港为原点，在周边设置若干个特色产业园区，具体拓展不同领域、模式、产业、要素功能，实现最高水平对外开放。可以在若干个不同的特殊园区内，采用差别化布局不同的领域，如服务业、高端制造业、传统优势产业等。采用不同的发展模式，一些地方辐射内陆，一些对外转口贸易等，需要结合各个地方的经济发展情况、发展水平等，并不是一套模式都适合于中国的各个地方，包括开放的模式也可以不尽相同。发展不同产业，要结合本地优势产业来进行发展。比如，上海可以发展金融业、高端服务业，而深圳可以发展人工智能、无人机和生物医药等产业，避免一些新兴产业出现一哄而上的局面。

3. 特色产业园区与其他特殊经济区联动

自由贸易港的建设，需要与国家其他战略平台形成互动，加强与自由贸易试验区、国家科技创新中心、国家区域发展战略之间的政策互动。基于自由贸易试验区的区域联动效应曾提出了"双自联动"的发展理念。但是，在实际运作中存在较多的困难，主要原因就是自由贸易试验区对于国际高端资源要素的吸引力度不够，没有能够将高端要素引入进来。而自由贸易港"港—产—城"体系，就构建起对于资源流动与集聚的功能，与其他特殊经济区产生互动，实现政策和区域融合，形成整体发展的格局。例如，通过自由港吸引高端人才的相关政策，与建设国家科技创新中心产生互动，吸引全球高科技人才来中国创新创业。通过新的高端要素禀赋注入自由贸易港，并与国内资源产生交流和融合，对内开放与对外开放相互促进，推动新兴产业、服务业和传统产业的转型升级，从而实现培育经济增长新动能的目的。

二、自由贸易试验区对接"一带一路"战略愿景

（一）自由贸易试验区响应"一带一路"的定位

自由贸易试验区的选择很有特点，而其中一个重要的特色是沿海2个自由贸易试验区对接"21世纪海上丝绸之路"，内陆3个自由贸易试验区对接"丝绸之路经济带"。自由贸易试验区利

用开放优势和营商环境优势，吸引更加多"一带一路"沿线的合作项目"走出去"或者"走进来"。其实，从福建和广东自由贸易试验区试验区成立3年来的投资数据可以看出，福建和广东近3年增加了对21世纪海上丝绸之路沿线国家和城市的投资额度；而重庆和陕西自由贸易试验区针对丝绸之路经济带，在交通枢纽、运输合作、语言文化交流上突出了区位优势。见表5-3。

表5-3 自由贸易试验区对接"一带一路"倡议的功能定位

对接"一带一路"的自由贸易试验区	定 位
广东自由贸易试验区（总体方案）	21世纪海上丝绸之路重要枢纽
福建自由贸易试验区（总体方案）	建设21世纪海上丝绸之路核心区，打造面向21世纪海上丝绸之路沿线国家和地区开放合作新高地
上海自由贸易试验区（深改方案）	推动"一带一路"建设
河南自由贸易试验区（总体方案）	"一带一路"建设现代综合交通枢纽
重庆自由贸易试验区（总体方案）	"一带一路"和长江经济带互联互通重要枢纽
陕西自由贸易试验区（总体方案）	"一带一路"经济合作和人文交流重要支点

（二）自由贸易试验区引领"一带一路"的"五通"

"一带一路"建设要求国与国、国与地区之间"政策沟通""设施联通""贸易畅通""资本融通""民心相通"。然而，相较于中国自由贸易试验区的对外开放，"一带一路"建设中的"五通"遇到的外部问题更为复杂。首先，政治安全的风险，制度差异的风险，文化、习俗、宗教信仰差异的风险等，都会为我国企业"走出去"形成障碍。其次，"一带一路"沿线国家和地区大多数为欠发达国家和地区，在经济合作过程中会因级差造成不平等。最后，国内市场处于逐渐完善状态，但消费潜力还有很大的挖掘空间，因此，不能一味强调"走出去"，也要注重"引进来"和自身升级。

（1）在政策沟通方面，可以以自由贸易试验区政府职能转变为契机,加大行政改革的力度,加强职能部门的对外沟通和谈判能力。在对外经贸部门增设"一带一路"招商和协调部门,培育懂贸易懂外交懂多国语言的专业性政府雇员。

(2) 在设施联通方面,通过完善自由贸易试验区的空港、海港、陆路交通网络,对接央企在"一带一路"的基建项目,达成一对一的港口合作模式。支援周边东南亚、东北亚的基础设施和大型交通工具建设,特别是两国交接的交通衔接处,可以适当增加国有投资。

(3) 在贸易相通方面,首先,打通"一带一路"沿线国家和地区优质农产品和加工品进入自由贸易试验区的通道。以自由贸易试验区为试点,对合约国家和地区采取"互认"的检测标准,加快东南亚和东北亚新鲜农产品进入邻近大城市的速度。其次,要放开对服务贸易的监管和限制,对"一带一路"沿线国家或地区的优质服务业,如专业服务业、旅游业、教育医疗等安全性较高的领域,准予更便利地进入渠道。

(4) 在资本融通方面,首先利用自由贸易试验区金融放开的制度创新优势,加快推进境内外资本的双向流通,紧跟"一带一路"倡议,加快人民币国际化的进程。整合目前"亚洲投资银行"和"丝路基金"等一系列公共投融资平台,发挥其扶持企业"走出去"和"引进来"的功能作用。

(5) 在民心相通方面,推广复制陕西自由贸易试验区与东北亚民间合作的经验,加大自由贸易试验区内的大学与"一带一路"沿线国家的大学之间的项目合作,在合适的高校加强对小语种人才的培训和培育。以自由贸易试验区旅游、媒体制度创新为突破口,形成一批跨国或跨境的文化旅游和电影电视网剧合作项目,共同宣传"丝路"文明。

(三) 自由贸易试验区与国内贸易转型升级

"一带一路"倡议的实施为我国出口贸易转型升级提供了市场扩容、贸易环境改善、产品价值链提升等发展契机。我国自由贸易试验区所在的城市和省份均是我们的制造业大省和大市，需要通过以自由贸易试验区贸易便利化措施的推行加强与"一带一路"沿线国家和城市的贸易数量和质量。

（1）优化自由贸易试验区营商环境，对标国际贸易投资规则。成立以东道国为单位的对外贸易协会，加强国内企业适应国际贸易规则，避免贸易摩擦，通过共建自由贸易试验区的贸易规则，利用相关法律法规解决贸易争端。充分重视国际知识产权保护和国际认证的工作重要性，积极采取国际认证相关标准提升国内产品和服务的质量，树立中国的产品形象。

（2）以"一带一路"市场需求为导向，促进自由贸易试验区产业转型升级。加大对中国港澳台地区、新加坡、日韩等发达国家或地区服务贸易的引进来，在融资租赁、跨境电商、整车进口、大宗商品交易、文化创意等新兴业态升级的引入和培育。从产业贸易入手，加强自由贸易试验区产业转型升级的转变，把握周边国家产业需求特征，促进制造业和新兴产业的融合发展。对东南亚和东北亚欠发达地区，可以以对等贸易的方式进行，协助优质农产品的产业升级和品牌化。以自由贸易试验区为枢纽，向"一带一路"沿线国家和地区输出"物美价廉"的制造品。

（3）建立自由贸易试验区的"一带一路"贸易数据库共享制度。基于自由贸易试验区"国际贸易单一窗口"制度的推行，贯通国内所有自由贸易试验区的贸易数据网，形成可以共享的国际产品进出口信息数据库。推广复制广东南沙新区片区的"全球质量溯源体系"，共建中国自由贸易试验区整合版的"全球质量溯源体系"，对全球产品进口进行科学监管和量化分析，为企业贸易提供大数据支持。

（四）自由贸易试验区企业"走出去"与"一带一路"建设

自由贸易试验区是中国企业"走出去"的平台。地方政府可以在企业走出去过程中发挥重要的引导和扶持作用。一是通过完善法规政策，鼓励和引导企业"走出去"，安排相应的部门和资金作为扶持；同时，放松对企业和资金进出境的限制，加强科学监管。盘活"亚洲投资银行"和"丝路资金"等公共资源，监督资金的流向是否真正为企业提供帮助。二是通过"隐形介入"支持大型央企国企参与境外合作园区开发，为企业"走出去"提供"中转站"。三是"走出去"和"引进来"相结合，发挥自由贸易试验区的作用，成立一系列针对性强的跨境合作园区。如南沙片区"粤港澳合作园区"，横琴片区"中葡合作园区"，等等。

（1）上海自由贸易试验区。依托国际航运中心、国际金融中心、国际贸易中心和全球影响力的科创中心，上海自由贸易试验区搭建了"一带一路"开放合作平台。截至2016年年底，在对外投资方面，上海自由贸易试验区对"一带一路"沿线25个国家投资了108个项目，中方投资额为26.3亿美元。对外贸易方面，2016年，浦东新区对"一带一路"沿线国家的进出口额达3339亿元人民币，占进出口总额的19%；2017年第一季度对沿线国家进出口增长28.7%，比平均水平高6.5个百分点，占比提高到20.8%。

（2）广东自由贸易试验区。按照"前港中园后城"模式，前海片区的招商局集团先后启动吉布提港口、科伦坡码头、澳大利亚纽卡斯尔港口、白俄罗斯中白工业园、土耳其昆波特码头等重点建设项目，在全球布局运作29个港口。南沙片区深化与德国汉堡、不来梅等欧洲港口城市枢纽型合作关系，与马来西亚巴生港自由贸易试验区、韩国仁川港湾公社签订合作框架协议，与阿联酋迪拜机场自由贸易试验区签订战略合作备忘录，推进沿线国家通关通检互认。截至2016年年底，横琴片区"走出去"企业56户，其中境外投资企业39户。

（3）天津自由贸易试验区。天津在"一带一路"沿线国家分别打造了中国—埃及苏伊士经贸合作区和中国—印度尼西亚聚龙农业产业合作区两个国家级境外经贸合作区。自由贸易试验区构建出一个涵盖投资服务、金融服务、政策服务"三位一体"的海外投资环境,通过"一站式"备案平台,助力企业实现两个市场、两种资源的统筹配置。2015年4月至今,自由贸易试验区内企业完成对外投资中方投资额176.3亿美元,占同期全市总额的54.1%。

(4) 福建自由贸易试验区。福建自由贸易试验区以"21世纪海上丝绸之路"作为对外开放门户。2017年,中欧(厦门)班列货值将突破40亿元,直达莫斯科的新线路即将开通;厦门港增开了8条东南亚集装箱航线、2条游轮航线;东盟地区发往厦门港的货物吞吐量同比增长了65.6%。"中国—东盟海产品交易所"从2015年3月其开设运营,海产品现货交易额从过去的几十万元激升至数亿元,令其成为"21世纪海上丝绸之路"沿线最重要的互联网交易服务平台之一。2016年,福建自由贸易试验区办结对外投资项目131个、对外直接投资额达44亿美元,分别同比增长6.28倍和10.43倍。

(5) 陕西自由贸易试验区。2017丝绸之路国际博览会期间陕西自由贸易试验区共签订了117个招商引资合同项目,投资总额2495.5亿元,其中,外资项目22个,投资总额22.6亿美元。西咸新区积极探索建立企业"走出去"一站式综合服务平台,并依托全陕西省首家省级人力资源产业园创建了海外人才"一站式"服务平台,打造"国际人才自由港"。西安多所高校开设面向丝绸之路经济带沿线国家的小语种和大量增设了"一带一路"文化交流项目。

(6) 重庆自由贸易试验区。2017年,"渝新欧"国际铁路开行507班列,重庆通过铁路完成整车进口3288辆。截至2018年2月,重庆"一带一路"沿线国家跨境人民币结算总额201.3亿元,同比增长30.2%。

三、创新驱动：自由贸易试验区与国家自主创新示范区"双自联动"

以创新驱动发展是当前我国经济转型升级的重要方向。在继2015年上海颁布《关于加快推进中国（上海）自由贸易试验区和上海张江国家自主创新示范区联动发展实施方案》后，"双自联动"的理念和政策效应广受重视。目前，除了上海颁布的"双自联动"方案外，广东省颁布了珠三角版"双自联动"方案、深圳前海版"双自联动"方案、广州南沙版的"双自联动"工作方案、珠海横琴版"双自联动"方案。此外，还有厦门版的"双自联动"方案。而建立在武汉光谷和湖北自由贸易试验区武汉片区基础上的"双自联动"方案亦即将应运而生。若通过一系列的体制机制安排，自由贸易试验区的制度创新和国家自主创新示范区的科技创新若能有机结合、联动发展，将有利于实现"试验点"的突破。

（一）"双自联动"的含义

"双自联动"是指自由贸易试验区与自主创新示范区在物理空间上的协同方式与互动过程，自由贸易试验区在政府职能转变、投资便利化、贸易便利化、金融放开和法治化建设等领域的制度创新体制与国家自主创新示范区科技创新体制的通过相互吸纳和融合，从而达到促进"双区"的"双赢"目的。"双自联动"除了带有共性的制度创新与科技创新联动外，还带有明显的地方自由贸易试验区定位和高新科技产业园区基础的差异性。除了深圳是唯一一个以城市为建设单位的国家自主创新示范区以外，其他国家自主创新示范区均以原来的国家高新区为基础。如上海张江突出了生物医药为主导产业，武汉东湖则以"光谷"的光电产业为依托，深圳目前则联合香港、东莞打造人工智能示范基地。

（1）"双自联动"是空间上的双区联动。自由贸易试验区和自主创新示范区一样，都具有物理边界，以园区的形式呈现。因此，"双自联动"首先表现为空间上的两个区域之间的联动性。我国目前 11 个自由贸易试验区和 14 个国家自主创新示范区中，"双区叠加"的省市有上海、天津、重庆、广东、四川、陕西、河南、辽宁等。这些省市中，有些自由贸易试验区与自主创新示范区空间分离，如横琴片区和珠海国家高新区；有些自由贸易试验区和自主创新示范区空间叠加，如武汉片区和武汉高新区。

（2）"双自联动"是创新上的双区联动。制度创新是自由贸易试验区的核心，而科技创新则是国家自主创新示范区的核心。双自联动实质上是制度创新与科技创新的联动，自由贸易试验区高标准投资贸易规则与国家自主创新示范区创新转型的联动。自由贸易试验区制度创新成果可以在国家自主创新示范区复制推广，国家自主创新示范区的科技创新推动自由贸易试验区的制度创新进程。

（3）"双自联动"是资本上的双区联动。自由贸易试验区制度创新的重要载体就是投资、贸易和金融三大领域。自由贸易试验区通过"负面清单"的投资管理模式，高效便捷的贸易环境打造和金融在宏观审慎管理下的适度开放带动自创区的创业投资、科技成果快速转化及科技资本市场的加速形成。自创区可以通过自由贸易试验区进行境内外科技融资和双向投资。大型企业集团和科技型中小企业通过自由贸易试验区组团出境投资，通过金融杠杆进行跨境购买科技成果、科研机构和企业股份。

（4）"双自联动"是人才上的双区联动。自由贸易试验区集聚现代服务业人才，如金融、贸易、互联网等商业专才。但自由贸易试验区在科技创新方面相对薄弱。自创区集聚高新科技人才，但自创区在科技成果市场化和科技＋金融等方面存在短板。"双自联动"打破创新人才的科技与市场分离的瓶颈，能衍生出一批既懂技术还懂资本运营又懂市场营销的综合型科技管理人才。

(二)"双自联动"的战略意义

(1)从自由贸易试验区的角度而言。首先,自由贸易试验区在政府职能转变、投资便利化、贸易便利化、金融放开和法治化积累的改革创新经验可以在自创区内复制推广。其次,自由贸易试验区的金融、投资、贸易和人才等资源要素优势能支持自创区的建设和发展,在一定程度上解决科技与经济"两张皮"的困境。最后,自由贸易试验区通过对标国际化、市场化和法治化的营商环境建设,在知识产权保护和科技创新环境营造上为自创区提供制度保障。

(2)从自创区的角度而言。首先,自创区大部分是建立在具有一定科技创新基础上的国家级高新科技园区,科技创新成果为自由贸易试验区制度创新提供试验品。其次,自创区建立在实体经济发展的基础上,有助于弥补目前自由贸易试验区侧重投资、金融和贸易领域的制度创新而忽略了科技创新的局限。最后,自创区能反映高新科技企业对制度创新的实质性需求,通过科技创新制度需求倒逼自由贸易试验区制度创新改革,从而使得自由贸易试验区的制度创新有的放矢。

(三)"双自联动"的两种模式

(1)双区包含模式。该模式为自由贸易试验区全域位于国家自主创新示范区内。这种模式的特点是现有的国家自主创新示范区内设置了自由贸易试验区。"双区"的行政范围统一性令管理协调难度变小。典型的代表是武汉国家自主创新示范区和湖北自由贸易试验区武汉片区的"双自联动"以及深圳国家自主创新示范区和广东自由贸易试验区前海蛇口片区的"双自联动"。一开始,自由贸易试验区的政府职能转变、投资便利化改革、贸易便利化提升、金融放开和法治化建设就很好地建立在科技创新产业的基础上,获得制度创新的产业载体。上海自由贸易试验区扩容后,张江高新区的核心区和自由贸易试验区张江片区几乎完全重叠。两个区域无缝对接，自由贸易试验区制度创新政策直接带动自主创新示范区发展，自主创新示范区的企业需求又进一步深化自由贸易试验区改革。武汉片区尽管作为第三批自由贸易试验区，但基于"光谷"的科研基础，可以侧重打造长江经济带知识产权运营中心和知识产权服务集聚区。深圳自由贸易试验区则可以充分利用深圳已有高新科技产业基础，发展配套的先进性生产服务业和寻找制度创新的科技产业载体。

（2）双区分离模式。该模式为自由贸易试验区与国家自主创新示范区分属于两个区域。这种模式的特点是基于原有国家高新区的国家自主创新示范区和新设置的自由贸易试验区在一级行政单位上分署。"双区"分属于两个行政单位增加了行政协调和政策协调的难度，但正好是发挥"双自联动"战略，带动两个区域协同发展的应有之意。典型的代表是天津国家自主创新示范区和天津自由贸易试验区的"双自联动"以及珠三角（珠海）国家自主创新示范区和广东自由贸易试验区南沙片区及横琴片区的"双自联动。自由贸易试验区的制度创新经验可以在国家自主创新示范区推广复制，国家自主创新示范区的企业可以获得自由贸易试验区先行先试的"待遇"。自由贸易试验区的一些改革创新可以在国家自主创新示范区的科技产业中得到检验，自由贸易试验区的生产性服务业态可以在国家自主创新示范区中获得实体支撑。

（四）"双自联动"的形成机制分析

1. "双自联动"提出的背景

党的十八大强调要坚持走中国特色自主创新道路、实施创新驱动发展战略。中国未来的发展要靠科技创新驱动，而不是传统的劳动力以及资源能源驱动；创新的目的是为了驱动发展。"双自联动"首先在上海被提出是基于上海作为第一批自由贸易试验区试点和打造全球科创中心两大要求的糅合。自由贸易试验区的制度创新引领作用与张江自主创新示范区的科技引领作用结合在一起,产生"1+1>2"的效果。

2. "双自联动"的主体关系

"双自联动"以自由贸易试验区和自主创新示范区两种给定的区域作为平台,以制度创新和科技创新作为改革核心,以"科技+金融""科技+贸易"等作为实体对象,构成含跨区域地方政府、智库、中介机构、企业(科技企业、服务型企业)"四位一体"的协同创新体系。地方政府作为自由贸易试验区制度创新和自主创新示范区科技创新的管理主体,要积极发挥引导和扶持的作用。为科技创新创造良好的制度基础和氛围,通过科技创新政策的制定,在科研财政投入、人才流动、资质互认、信息提供和公共设施配套方面发挥有力作用。科研机构和经济管理类智库作为制度创新和科技创新的"催化剂"。在政府逐步退出市场的简政放权背景下,智库充当重要创新中介作用。除了直接提供科研成果和供给科研人才外,还为地方政府和行业提供战略决策支持。科技创新和新型贸易业态的发展衍生了一些对全球资讯熟悉的中介机构,这批中介机构为科技创新提供最新信息甚至影响企业决策。最后,双自联动的核心主体就是企业。自由贸易试验区以生产性服务企业(金融、贸易、物流、信息、专业服务业)为主,自主创新示范区以科技型企业为主,双区企业之间可以互相供给,协同发展。

3. "双自联动"的形成机制

"双自联动"涉及两个区域的协同创新。基于区域间协同创新的研究主要集中在创新扩散效应对区域经济协同增长的影响,区域间的创新分工与合作直接影响区域经济增长的空间异质性。对具体的两个区域的协同创新研究还比较少。自由贸易试验区的核心是制度创新,自主创新示范区的核心是科技创新,两个区域两种创新类型具有制度的耦合性,能互相取长补短,互相借用制度红利和政策红利。另外,自由贸易试验区的试验性质和自主创新示范区的示范效应均对对方区域产生积极影响。因此,"双自联动"建立在科技产业与生产性服务业产业的协同发展并地理化的基础上，在联动过程中涉及企业之间的联动、产业之间的联动、不同制度之间的联动、两个区域之间的联动、两个地方政府之间的联动。见图 5-2。

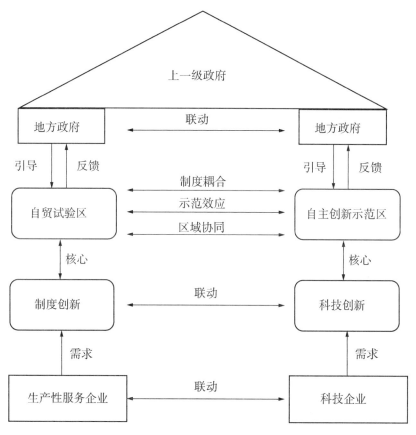

图 5-2 "双自联动"的主体关系模型与互动机制

（五）实施"双自联动"战略的体制机制对比

1. "双自联动"方案的共性

对上海、广州、深圳、珠海和厦门几个地区的"双自联动"方案进行文本分析发现，围绕行政服务改革、提升金融服务科技创新水平、吸引全球科技人才集聚和建立与国际接轨的知识产权运营保障机制四方面进行政策设计是方案的共性内容，并都列出深化自由贸易试验区服务自创区发展的制度改革具体配套措施清单及相关责任部门。

2. "双自联动"方案的差异性

上海"双自联动"方案作为全国最早版本,其后其他地区的"双自联动"均在一定程度上借鉴了上海经验。上海版方案主要突出了"创新药物上市许可持有人制度试点"和国际级科技人才的吸引。这与张江的生物医药产业特色和上海全球科技创新中心的定位有关。

广东版方案侧重省级层面的顶层设计,尤其突出"粤港澳科技创新走廊"和"深港创新圈"的粤港澳科技合作元素。前海版、横琴版和处于讨论稿阶段的南沙版"双自联动"方案可以认为是广东版的区域版本和具体化版本。前海版作为广东自由贸易试验区3个片区最早的版本为横琴版和南沙版提供了参考。前海版"双自联动"方案更加突出深化深港创新创业合作,如推动与香港科技园共建国家现代服务业产业化伙伴基地。

天津、重庆、成都、武汉、西安、郑州、洛阳、沈阳、大连、福州等具有自由贸易试验区和国家自主创新示范区的"双区叠加"城市暂未颁布具体的"双自联动"方案。本文挑选具有代表性的4个版本的"双自联动"方案对比见表5-4。

表5-4 "双自联动"方案的对比分析

政策举措	上海版	广东版	前海版	横琴版
行政改革	建立符合国际惯例的科技创兴企业培育机制,开展创新药物上市许可持有人制度试点,发挥社会参与机制的作用,优化行业准入和监管模式	深化行政审批制度改革;提升政务服务水平;强化事中事后监管,推动跨境研发活动便利化	加大对涉及投资、创新创业、生产经营、高新技术服务等领域的行政审批清理力度;推动技术进出口登记权限下放至自由贸易试验区	加大对涉及投资、创新创业、生产经营、高新技术服务等领域的行政审批清理力度,与创新发展相关的相关事项推广至自创区

续上表

政策举措	上海版	广东版	前海版	横琴版
科技+金融	放大自由贸易试验区金融创新效应，推动金融创新更好地服务科技创新企业，推动股权投资企业开展境内外双向投资	大力推动跨境科技投融资，降低科技企业融资成本	完善科技金融业态，推动科技金融对外开放，支持企业跨境投资并购	推动自由贸易试验区的金融机构在自创区设立为从事科技型中小企业金融服务的办事机构
对外开放	促进国际技术服务贸易发展，建设面向国际的知识产权交易服务平台	发挥自创区链接全球科技资源优势，推进自由贸易试验区对境外科技领域投资的开放力度	探索支持跨境研发、检验检测、保税研发等科技贸易便利化措施	探索与港澳地区在创业孵化、科技金融、科技服务等领域的开放合作模式
财政支持	发挥政府创业投资引导基金的作用	对符合税收政策规定的企业自用研发设备和进口研发耗材实施进口税收优惠政策，对经过认定的技术先进型服务企业进口货物实施保税	对科研设备和耗材实施进口税优惠，对进口设备实施保税	探索推动符合自由贸易试验区产业目录的自创区企业享受15%企业所得税优惠，推动涉企经营服务性收费一律免收
人才政策	实施首席科学家集聚工程，创新对海外高层次人才的服务管理模式，营造国际化、便利化的人才服务环境	探索由各地级市以上市政府对引进的高层次境外创新人才给予财政补贴，探索境外高层次人才创新创业便利化措施	建设自由贸易试验区国际化人才平台	探索境外高层次人才来珠海创新创业便利化措施

续上表

政策举措	上海版	广东版	前海版	横琴版
产业政策	集聚全球性研发创新机构,培育发展国际科技服务业,建设国际化创新创业孵化平台,探索破解集成电路、再制造等重点产业发展瓶颈	加快突破关键核心技术,推动新兴产业集聚发展	打造科技服务和知识产权服务平台,支持重点技术领域创新创业,推进跨园区合作项目,试点实施生命健康产业政策创新	以横琴高新技术和科教研发园区为依托,建设双自联动试点园区;联合发展战略性新兴产业和现代服务业
区域政策	—	促进粤港澳创新要素深度融合,推动粤港澳科技创新走廊、深港创新圈、粤港全面合作示范区建设	打造深港创新创业合作平台	加强与"一带一路"沿线的创新科技合作,推动中拉国际创新中心建设

(六)以创新驱动发展,提速"双自联动"

1. 加强跨区域行政机构的联动

以省自贸办和省自创办、自由贸易试验区管委会和高新区管委会为主体,增强政府机构之间的联动性。协调省自贸办和省自创办、自由贸易试验区管委会和高新科技园区管委会的纵向联系和横向联系机制,通过建立"双自联动"联席会议等常规性组织形式,达到跨区域跨部门行政管理上的协调。在组织和引导工作开展上,要以自由贸易试验区政府职能转变的魄力打破现有的职能部门之间的行政束缚,协调和沟通贸易、金融、科技等部门,在功能分工和信息共享上形成联动常态。针对目前自主创新示范区管理部门一般为高新区管委会,自由贸易试验区管理部门一般为自由贸易试验区管委会的事实,"双自联动"更多涉及两地区域两个地方政府之间的部门管理的联动。自由贸易试验区管委会和自主创新示范区管委会官员可以互相借调,培育"双区管理事务通"人才。

2. 加强自由贸易试验区制度创新政策与自创区科技政策的联动

以促进制度创新的政策体系和促进科技创新的政策体系为主体,加强两种政策体系之间的联动性。突破以往科技政策局限于科技领域的单一缺陷。以往的科技政策主要由科技相关部门制定,政策对象比较集聚和单一。"双自联动"要求科技政策的制定除了考虑科技本身的特征之外,还应考虑"科技+行政体制""科技+投资""科技+贸易""科技+金融"等复合型政策设计。传统科技部门制定科技创新政策亦要纳入贸易、金融等管理部门的政策意见。地方性科技政策可以整合为到"双自联动"政策体系内,不再单设。突破自由贸易试验区创新政策缺乏实业载体的缺陷。目前的自由贸易试验区侧重在对接国际投资贸易规则和营商环境的改善,政策创新缺乏产业抓手和企业"获得感"。建议自由贸易试验区推行投资、贸易、金融和法治等方面改革时更加纳入对科技创新体制改革的思考。在"双自联动"的方案细化中应该注重对特色优势产业引导和培育的体制机制设计。如珠三角的"双自联动"因拥有前海、横琴和南沙3个自贸片区,可以借助粤港澳大湾区城市群和广深科技走廊规划建设的平台,重点突破粤港的科技合作体制限制。

3. 突出市场主体的力量,加强"双区"之间的产业联动

以科技创新平台和重点项目为抓手,搭建"双区"之间产业联动桥梁。两个区域之间的企业联动需要搭建新型的平台载体。政府、中介机构和园区企业可以共同搭建以科技成果转化、技术交易、创新产品展示等功能为主体的平台,将信息、风险和利益进行协同。技术创新平台主要包括:科技创新与金融服务的联动平台、高新科技产业与服务贸易的对接平台、创新产品展示

与技术成果转化的交易平台。要以项目为抓手，在实体经济层面形成企业与企业、行业与行业之间的联动。在具体行业上，自由贸易试验区的优势在于金融、贸易物流和跨境电商等新兴服务业，自主创新示范区的优势在于高新科技产业和信息产业。两区之间的人才流动和资质互认需要在制度设计上有所突破。

4. 加强服务业要素与科技要素的联动

打破地区封锁，实现物品、生产要素、投资和创新要素在区域间的自由流动。以城市群建设和科技创新走廊等规划建设为契机，探索促进跨行政区科技创新要素便捷流动的体制机制。为科技创新要素流动提供自由贸易试验区制度保障，逐渐放开对高新科技领域研发、成果转化和交易的限制，建立符合国际惯例的科技创新企业培育机制，降低科技企业的行业准入门槛。对企业科技创新研发投入和产出进行量化认定，制定和执行与自由贸易试验区企业同等对待的甚至更高程度的税收优惠和奖励计划。加快科技要素和资金要素的双向流动。发挥政府创业投资引导基金的作用，放大自由贸易试验区金融放开效应，推动科技股权投资企业开展境内外双向投资。加强自由贸易试验区金融机构对自主创新示范区企业的资本投入支持，引导风险投资和民间资本关注中小型创新创业企业，为创新创业型企业搭建融资平台。实施"两核心、一工程"，加速高新科技复合型人才的集聚。以跨区域科技走廊为核心载体，以高新科技企业、国家重点实验室、创新创业孵化基地为核心平台，实施"科学家集聚工程"，加快高新科技人才集聚。探索港澳台地区及国际科技人才入境"绿卡"计划，在通关、科研配套、居留、后勤保障方面制订"多区人才联动方案"。

四、广东自由贸易试验区与粤港澳大湾区的协同发展

粤港澳大湾区城市群规划建设和广东自由贸易试验区建设均

是国家重要的战略举措。探索在广东自由贸易试验区基础上更大范围的粤港澳大湾区城市群建设模式，并研究如何实现二者的联动发展，无论对深化自由贸易试验区改革还是深化港澳与内地合作，都具有实践性意义。

（一）大湾区与自由贸易试验区联动发展的基础

粤港澳大湾区包括港澳地区和珠三角地区九市，形成了一个城市基础和产业基础相对成熟的城市群。而广东自由贸易试验区的南沙、前海和横琴片区作为珠三角对接港澳合作的门户和"一带一路"的先行地，亦成为粤港澳大湾区城市群的3个核心支点。粤港澳大湾区与广东自由贸易试验区联动的基础在于粤港澳之间已有良好的资源禀赋、扎实的合作基础和中央的政策支持。

1. 良好的自然禀赋：珠三角和港澳合作带有天然的相近性

从地理邻近性看，广东是香港、澳门与内地唯一陆地相连的地区。从社会关联性看，大部分香港人、澳门人祖籍广东或出生于广东。从文化相近性看，香港、澳门和广东大部分地区通用粤语方言、风俗习惯相近。

2. 扎实的合作基础：前店后厂、CEPA、自由贸易试验区是粤港澳合作的1.0版、2.0版和3.0版

一直以来，香港、澳门与广东互为最大的投资目的地。

（1）基于前店后厂的粤港澳合作1.0版。这个阶段粤港澳地区的经济合作主要是基于制造业的产业链环节分工合作。香港作为"发包商"和"品牌商"，在价值链中占支配地位，广东作为"代工商"，在价值链中处于从属地位。随着广东制造业企业家的经验积累后另起炉灶，港澳地区在广东投资的制造业份额尽管有所下滑，但依然保持广东外来直接投资的第一位。

（2）基于CEPA的粤港澳合作2.0版。粤港澳地区基于制造业分工合作形成的"前店后厂"模式在国经济环境和中国市场环境演变的背景下重要性逐渐下降，以服务经济为特征的产业合

作发展越来越迅猛。港澳地区对广东通过以服务外包、服务贸易、服务转移等方式进行服务输出，而广东则借助庞大的中国市场需求腹地，通过服务承接、服务购买、服务基地等方式成为港澳地区与内地市场对接的"中间人"。在中国内地"互联网+"的发展背景下，港澳地区与广东在21世纪初期又形成了基于服务业的"前点后网"合作模式。

（3）基于自由贸易试验区的粤港澳合作3.0版。与粤港澳合作的制造业1.0版、服务业2.0版相比，基于广东自由贸易试验区的粤港澳合作3.0版重点在"制度合作"上有所突破和创新，粤港澳地区合作已经不仅限于贸易合作，而是上升到制度合作的层面。广东自由贸易试验区除了在三大片区均设立了"粤港澳青年创新创业基地"外，也在金融放开、投资管理、通关、认证、检验检测、税收等多领域面向港澳进行了制度创新的压力测试。

总之，基于"前店后厂"模式的制造业合作体现了粤港澳地区20世纪70—90年代工业经济发展的主从关系，基于"前点后网"模式的服务业合作体现了粤港澳地区2000—2010年服务经济发展的互补关系，而基于"自由贸易试验区"模式的制度合作则体现了粤港澳地区在新常态背景下开放型经济建设的协同关系。

3. 国家的政策支持：推动内地与港澳深化合作

2017年3月5日，国家总理李克强在《政府工作报告》中指出，要推动内地与港澳深化合作，研究制定粤港澳大湾区城市群发展规划，发挥港澳地区独特优势，提升在国家经济发展和对外开放中的地位和功能。

2017年10月18日，国家主席习近平总书记在党的十九大报告中指出，要支持香港、澳门融入国家发展大局，以粤港澳大湾区建设、粤港澳合作、泛珠三角区域合作等为重点，全面推进内地同香港、澳门互利合作。

《广东自由贸易试验区总体方案》中提出，建立中国（广东）自由贸易试验区是党中央、国务院做出的重大决策，是新形势下全面深化改革、扩大开放和促进内地与港澳深度合作的重大举措。其战略定位为："依托港澳、服务内地、面向世界，将自由贸易试验区建设成为粤港澳深度合作示范区。"

（二）粤港澳大湾区与自由贸易试验区联动发展面临的障碍

1. 顶层设计：大湾区常规性联盟机制尚未建立

虽然有利于促进粤港澳地区深度合作的制度安排已经开展多年，各种协定也不断推出，但粤港澳地区在基于制度创新性的合作仍然处于初步阶段。香港特别行政区政府尽管设置了内地事务局，但对市场干预度较低。澳门政府方面侧重与珠海特别是横琴自贸片区的通关和投资合作两个方面，对整合粤港澳地区资源的机制设计探讨较少。粤港澳地区之间及港澳政府之间法定性的联盟机制没有得到整体性和一致性的思考和顶层设计。

2. 跨行政区：体制差异与制度壁垒并存

第一，"一国两制"下广东（珠三角地区）与香港、澳门地区的合作仍面临不可逾越的行政制度壁垒。不同的法律体系、不同的行政体系、不同的制度基础，粤港澳大湾区中涉及港澳地区合作遭遇体制差异的问题。特别是当前香港内部面临着"弱政府、强社团、泛民意"的处境，导致很多旨在促进粤港澳地区合作的制度创新领域被阻挠甚至被搁置。如广深港高铁的"一地两检"制度迟迟不能破冰，原因就在于香港立法会的拖沓和纠纷。

第二，粤港澳地区由于利益博弈而自设制度屏障。金融放开方面，香港的金融体系和监管制度和内地有所差异，一些基于宏观审慎的金融领域改革思想稍显保守。人才流动方面，香港对内地高端人才的引进力度甚小，尽管基于保护本地人才不被冲击的考虑，但长远来说对香港保持金融业和专业服务业竞争优势，发展创新及科技产业却有百害而无一利。合作园区建设方面，港澳地区的出发点在于对土地的开发权和使用权，而珠三角地方政府的出发点则在发展经济。利益诉求的差异使得制度设置难以协调，合作推进速度较慢。

第三，涉及一些不熟悉领域的制度创新对传统政府部门和公务员提出了挑战。自由贸易试验区的制度创新很多为新领域、新议题、新突破，这就对传统政府部门架构和职能的设置，也对公务员的综合素质和能力提出了更大的挑战。基于改革的风险性和不可性以及政府免责机制的不完善，很多亟须制度改革的领域被不了了之。香港公务员体系沿用香港回归祖国之前的架构和人员，擅长执行，不擅长制度设计，而且香港特区政府一直信奉"小政府、大市场"的不干预理念，对制度和政策设计的重要性理解不深。前海片区设置了管理局引进了一批专业人员从事自由贸易试验区研究，也设置了香港合作事务处，但仍处于发展的初步阶段。横琴片区设置了澳门事务处，也只能起辅助作用。珠三角传统的区一级管委会公务员队伍的知识储备和综合能力与制度创新需求不匹配。根据对珠三角一些知识密集型机构的调研得知，国际金融领域、新兴贸易业态领域等涌现的新问题一般政府职能部门和工作人员无法解决。

3. 行业保护和产业安全：CEPA协议未能突破的领域

（1）行业地方保护：香港有些传统的优势服务业为了保持其行业权威和经济地位，长期不对内地放开。如执业医师和执业律师等专业服务业领域的人才引进力度相当小，除了不利于香港本地医疗服务和法律服务人才的供应，还限制了香港专业服务向内地输出。面对香港人口老龄化和高端人才缺失的困境，香港特区政府推行"优才计划"，但由于冲击了本土人才的既得利益，到港人才数量受到限制。尽管广东专门以自由贸易试验区前海片区和横琴片区对接港澳合作，但基于本地重点行业的发展，若港澳对其造成较大冲击的，亦采取限制的政策。如广州、深圳、香港地区的航运业之间的竞争和保护等。

（2）风险防范：内地在逐渐采取"一线放开、二线安全高效管住"的宏观审慎态度,主要基于海关和金融两个领域高风险、难监管的特征。这两个领域都均以"试点"的方式进行压力测试以积累管制经验。在货物检验检测和互认方面,在金融业双向放开方面,仍有较大的改革空间。相较国内在线支付及其衍生产品的发展迅速,香港基于金融安全,在线支付一直管制较为严格。

4. 产业合作:香港放缓、澳门单一、珠三角不平衡

香港产业发展放缓已经是事实。在经历两次金融危机和SARS（非典）冲击后,香港产业的分化、固化、单一化、空心化趋势显现。一边是高增值、低就业的金融、地产业、专业服务业;一边是低增值、高就业的旅游、餐饮住宿、零售业等传统服务业;具有知识科技含量的智能制造产业长期缺失。一直以来,香港金融、贸易、会计律师、医疗等优势服务业产生的"虹吸效应"挤占了科技产业的发展要素,令其起色不大,香港创新科技发展的氛围一直缺失。在"小政府、大市场"的不作为、难作为双重理念影响下,政府扶持效果却甚微。目前,香港与广东的产业合作最为紧密和效果显著的是前海片区,但合作产业仍绝大部分集中为金融、贸易和物流业。

澳门产业多元化有多难？博彩旅游业"一业独大"依然是澳门产业结构的硬伤。各界亦对澳门经济多元化发展长期关注并提出很多建议,但微小经济体和土地的先天制约令澳门的经济适度多元化发展愿景沦为"谈得多,实现得少"。目前,澳门和横琴的产业合作较为紧密,但也仅限于旅游业的单向投资。双方互动投资和多元化投资仍有很大的扩展空间。

珠三角各城市内部产业有级差,协同不足。粤港澳大湾区中城市数量最多的是珠三角地区,而珠三角地区的城市经济发展程度并不均衡,既有广州和深圳等一线大都市,也有佛山、东莞和中山等传统制造业强市,还有较为薄弱的肇庆、江门和惠州等。除了要素流动仍受到地方保护的限制之外,产业同构带来的竞争、地方政府官员晋升锦标赛的影响,使得城市之间的衔接仍见隔离。

5. 基础设施建设：房价高企挤压创业与人才集聚

香港和澳门由于地少人多，房价一直高企。房屋甚至被认为是香港贫富分化和社会矛盾激化的根源。珠三角各大城市近两年房地产价格呈几何级数上升令年轻人"望楼兴叹"。广东自由贸易试验区前海、横琴和南沙片区在挂牌自由贸易试验区前后，房价均有较大幅度的上扬。尽管房地产价格是反映一个城市群经济活力的风向标，但长远来说，对集聚人才储备不利，对粤港澳大湾区可持续发展不利。

粤港澳大湾区城市群建设规划一经推行，基础设施建设投入将会大规模增加，如何避免大兴土木和"有城无市"的困局，将直接影响粤港澳大湾区建设的质量和效果。粤港澳大湾区的意义在于粤港澳地区要素的更便捷流动，基础设施只是辅助，而不是最终目的。

（三）粤港澳大湾区是平台，自由贸易试验区是引擎，自由贸易港是突破口

广东自由贸易试验区是在 CEPA 的基础上进行的又一次改进式试验，最终目的是通过制度创新来促进粤港澳地区的投资、贸易、金融多领域更加开放、更加便利，以对标国际化营商环境。之所以选取前海、横琴和南沙作为 3 个片区，充分考虑粤港澳地区的地理优势、产业基础和行政改革基础。

1. 粤港澳大湾区提供为广东自由贸易试验区提供丰富的试验平台

粤港澳大湾区内包括"一国两制"下的行政特区、经济特区、改革开放先行地，大湾区内既有社会主义市场经济体制，也有资本主义市场经济体制。既有先行先试的经济特区，也有最早对外开放的通商口岸。各区域体制的多样性为自由贸易试验区的行政体制创新改革提供丰富的可供探索领域。

粤港澳大湾区除了包括自由贸易试验区和自由贸易港区，还包括自主创新示范区。科技创新是粤港澳大湾区的鲜明元素。对

标旧金山湾区（硅谷）也成为粤港澳大湾区的一个口号。最近，广深科技创新走廊的规划设计在不断推进之中，可以预期的是，通过有效整合香港和广州的基础科研资源、深圳的应用科技资源和东莞的制造支撑资源，广深港沿线形成的科技创新产业带，又将成为引领国家新一轮的产业发展风向标。

广东自由贸易试验区作为粤港澳大湾区内衔接珠三角和港澳地区的节点，通过3年的改革发展，积累了一批制度创新经验。在政府职能转变、投资便利化、贸易便利化、金融放开和法治化建设5个领域中的先行先试，可以在粤港澳大湾区范围内率先复制推广。

2. 广东自由贸易试验区三大片区是粤港澳大湾区要素便捷流动的"试验田"

广东自由贸易试验区建设要为我国建设开放型经济体制，探索粤港澳深度合作提供经验样本。前海在深化与香港合作中探索出一套对港更便利的措施。横琴在深化与澳门合作中也探索出一套促进它们之间的要素更便捷流动的改革措施。自由贸易试验区在一个较小的物理空间内进行改革试验，试验成功的政策可以选择性、匹配性地在粤港澳大湾区内进行推广。

作为一个城市群概念，城市协调共享发展，产业合作和互补发展，打破行政壁垒令要素更便捷流动，建设宜业宜居的世界级湾区等都是粤港澳大湾区建设的目标。因此，粤港澳大湾区作为全面性的区域性改革，可以从广东自由贸易试验区进行突破，通过三大片区的示范作用，带动和辐射其他周边地区进行更加积极的改革。

3. 自由贸易港区是广东自由贸易试验区的深改抓手

大湾区内香港是大湾区内全域的自由贸易港区，是全球最自由、最便利、成本最低的贸易口岸。其低税制和法治化营商环境除了树立香港经济的竞争优势外，其发展成熟的产业运作模式可以为深圳港和广州港提供经验。目前，上海和厦门都在加快申报自由贸易港区，而作为具有国际航运影响力的珠三角港口群，广州、深圳要努力争取同批成为自由贸易港区。广州南沙自贸片区和深圳前海自贸片区顺理成章成为自由贸易港区的核心基础，加上前海片区与宝安空港的联动，南沙片区与白云空港的联动，香港空港与珠海空港的联动，粤港澳大湾区将构成网状的自由贸易港区群。

（四）粤港澳大湾区与自由贸易试验区联动发展的路径

1. 跨区行政机构的联动

要设立权威性、高规格、全面统筹大湾区与自由贸易试验区跨区域政府部门的协调机构。首先，设置国家层面的粤港澳大湾区协调机构。建议成立由国务院副总理担任、国家发改委牵头、商务部和全国港澳办等部门参与的粤港澳大湾区管理委员会。涉及粤港澳地区的重要制度安排由管理委员会决定和颁布。其次，加强大湾区各地方政府相关部门上下级、同级各部门之间事务性对接。成立由省长和特区首长牵头的常规性联席会议，讨论粤港澳大湾区和自贸片区合作的具体建设事宜，广东省发改委、广东省商务厅、港澳地区内地事务局配合具体政策的出台。粤港澳大湾区内各城市的发改局和港澳地区粤港澳大湾区发展办公室负责具体的政策执行。最后，建立广东省发改委和商务厅紧密合作机制。两部门要建立固定时间的对接合署办公机制，制定大湾区与自由贸易试验区建设的功能对接任务清单。

2. 自由贸易试验区内外与大湾区内外的立体式交通网打造

粤港澳大湾区要建设全国城际交通网络最发达、最完善、最便捷的城市群。首先，打造粤港澳大湾区的核心交通圈层。以环珠江口高速公路为动脉串联香港屯门元朗区、深圳前海片区、东莞滨海湾新区、广州南沙片区、中山翠亨新区和珠海唐家湾高新区和横琴片区。其次，发挥港澳珠澳大桥、广深港高铁、深中通道等"大工程效能"。研究放宽港珠澳大桥粤港澳地区牌照的通行门槛以及在香港落桥点增设与深圳的特殊通道，最大化地使用大桥发挥其效应和社会效应;广深港高铁要由中央层面力推"一地两检"的"三步走"方案,尽快解决涉粤港合作的"一线放开"监管制约。再次,联合打造国际顶尖的航运物流枢纽中心。以香港、广州、深圳自由贸易港区为核心,整合香港机场、深圳机场、广州机场和珠海机场,以空港物流与贸易为发展重点;香港和深圳港整合珠江口东岸港口群,广州南沙港整合珠江口西岸港口群。最后,消除城市间"边界效应"。完善城际地铁和城际公交网络,加强香港—深圳、深圳—东莞、深圳—中山、东莞—广州、广州—中山、中山—珠海、珠海—澳门、珠海—香港等双城之间的通达性。

3. 以自由贸易试验区为平台,探索大湾区服务要素更便捷流动

首先,探索促进跨行政区要素便捷流动的体制机制。以自由贸易试验区为突破点,为粤港澳大湾区内要素流动提供制度保障。逐渐放松对粤港澳地区之间投资贸易的监管强度,拓展金融领域的开放领域,减少高新科技领域研发、成果转化和交易的限制,建立符合国际惯例的投资贸易便利化体制。其次,加快粤港澳地区的资金要素的双向流动。发挥粤港澳地区政府创业投资联合基金的作用,放大自由贸易试验区金融放开效应,推动大湾区企业开展境内外双向投资。最后,推动粤港澳地区人才更便捷流动。探索港澳地区来粤"绿卡"计划和粤优才港澳"直通车"计划,在通关、科研配套、居留、后勤保障方面制订"多区人才联动方案"。此外,可以以腾讯、华为等大湾区独角兽企业为牵头单位,推动粤港澳地区资讯科技的合作和网络平台的互联互通。

4. 自由贸易试验区"负面清单"成为大湾区行业投资风向标

目前,广东自由贸易试验区3个片区新发展的产业主要以现代服务业为主,缺乏传统制造业、先进制造业和高新科技产业支撑。这就涉及自由贸易试验区的服务产业如何与大湾区的多样性

产业的联动发展。一方面，要促进自由贸易试验区产业创新的制度安排直接为大湾区企业所用。如前海的金融业和信息业创新直接为深圳和东莞的 AI 产业提供服务支持。大湾区制造业转型升级和新兴业态发展过程中提出的制度创新的需求，可以通过自由贸易试验区进行试验，在风险可控情况下在试验区外推广。另一方面，要促进自由贸易试验区"区内区外"产业互动。如横琴自贸片区的服务业可以与珠海的制造业互动，与澳门的服务业互动；前海自贸片区的服务业与深圳的科技产业互动，与香港的先进服务业互动。

五、小结

扩大开放是中国未来的主旋律。2018 年 4 月 10 日，国家主席习近平在博鳌亚洲论坛上强调了中国扩大开放的重要性和坚决性。中国自由贸易试验区的诞生就是为了通过制度创新倒逼改革。赋予自由贸易试验区更大的改革开放权，通过建设自由贸易港作为制度破冰的突破口，继续加强与"一带一路"沿线国家和城市的共赢合作，通过自由贸易试验区和国家自主创新示范区的"双区联动"提升我国的科技创新水平，均是自由贸易试验区下一步的重要发展路径。

第六章　中国自由贸易试验区深化改革的制度保障

一、进一步推动政府职能转变，创新市场监管模式

（一）自由贸易试验区地方政府体制改革与职能转变

1. 行政体制改革与架构优化

鉴于自由贸易试验区的意义在于通过开放倒逼行政改革，小范围内探索行政机构改革整合将有利于进一步激活创新。前海"法定机构""大部制""合署办公""扁平化"等都是改革突破点。这方面，前海管理局和陆家嘴金融发展局率先做出了成功的示范。第三批自由贸易试验区的政府行政架构优化或重组可以根据自身的现实情况和难度进行参考。一开始可以以合并的形式成立多关联部门的"大部制"，待市场化机制成型后，可以试点推动"法定机构"代管自由贸易试验区管委会的部分甚至全部职能。

2. 深化行政审批制度改革

积极开展政府权力清单和责任清单的规范工作，就自由贸易试验区政府职能范围而言，要形成并公开"权力清单"，简政放权。哪些该管，哪些不该管，都要用清单列示；就政府责任而言，制定并公开"责任清单"，清晰职责，接受社会监督。对违反"权力清单"造成损失的要依照"责任清单"问责；对探索性的制度创新变革带来风险的可以免责。建议具备条件的自由贸

易试验区可以整理行政审批所遇到的所有情况，探索一套编制"权力清单"和"责任清单"的规范管理方法，在这一领域率先做出尝试，为全国深化改革提供范本。建议以自由贸易试验区投资管理的负面清单为学习对象，尝试编制"政府负面清单"，把原本不归政府拥有的权力或限制政府行驶的权力向社会公布，接受公众监督。

3. 继续提升行政透明度

明确公布行政权力清单及其运作流程，对规范性文件有异议的公众可提请市政府进行审查。制定有关自由贸易试验区的法规、规章和规范性文件时需公开草案内容并举行论证会和发布会，征求公众意见。在试验区门户网站及时发布自由贸易试验区的法律、法规、规章、政策、办事流程信息以便公众查询；在自由贸易试验区政府行政中心大厅设立自由贸易试验区法规及政策咨询窗口，该窗口要承担和发挥投资者和民众了解自由贸易试验区政策的功能作用。

4. 政府管理流程再造

在行政体制改革的基础上，自由贸易试验区要重视政府流程再造，提升政府管理绩效。自由贸易试验区的贸易便利化、事中事后监管要求政府多职能部门之间突破传统的"碎片化"困境，加强同级政府之间、政府职能部门之间的协调合作，设置联网审批和集中办公。一些非自由贸易试验区地方政府的政府流程再造经验可以为自由贸易试验区所用，并且利用自由贸易试验区的制度创新优势进行再创新。如在佛山全市推广的三水区"一门办理全城通办"行政审批模式就是把原来分散在社保、卫计、国土、民政等大厅或局里办理的业务合并到一个综合办事窗口。针对三水地形狭长、镇街和村居相对分散的特点，三水以区级行政服务中心为核心，在7个镇街各设置1个行政服务分中心，在村居按服务半径和人口设置网点窗口，实现审批业务"全城通办"。进行"适度"和"因地制宜"的政府流程再造，不仅能提升行政效率、降低行政成本，还能提升企业和市民对政府行政服务的满意度。

5. 构建影子政府

鉴于自由贸易试验区的公务员编制名额有限，可以推广和完善政府部分经济职能及社会管理职能外包模式。如发改局、贸促局、金融局等专业性较强的职能部门，部分雇员可以通过社会招标和专业中介委托的方法引进。仿效企业式治理，既能减少政府财政负担，又能提升招商效果；既便于人员管理，又能对现有公务员队伍产生"鲇鱼效应"。在广东自由贸易试验区南沙新区片区和横琴新区片区，在一些经济职能部门和专业要求高的职能部门均尝试采用以政府公务员编制为圆心的，纳入公务员—事业编制人员—选调—雇员4层政府人才队伍的"同心圆结构"。基于对南沙和横琴的调研，建议把政府雇员队伍管理规范化并作为公务员选拔任用的主要对象。待该模式进行试验成熟后，可以在全国类似的区域进行复制推广。

6. 干部考核侧重制度创新贡献

鉴于自由贸易试验区是制度创新高地，而不是政策洼地，政府干部考核不宜单纯以GDP等量化指标来考核。制度创新的广度和深度、可复制推广性应纳入重点考核范围。进行自由贸易试验区改革创新的第一要素是干部队伍和各类人才。开展自由贸易试验区的改革创新是新鲜事物，对于各级干部来说需要付出巨大的勇气和艰辛的努力。第一批和第二批自由贸易试验区要充分利用区位优势去激发干部队伍行政改革创新的热情。因此，建议市委、市政府主要领导以及各职能部门主管领导每周安排固定时间在自由贸易试验区片区管委会办公；建议制定办法由市财政给予自由贸易试验区片区政府干部和优秀工作人员以专项补贴。同时，出台相应办法支持各级干部和人才发挥能动性大胆探索制度变革。

(二) 自由贸易试验区地方政府的管理理念转变

1. 从"案头"向"一线"转变

政府干部要从"文山会海"中解放出来,通过摸底,真正了解自由贸易试验区内企业和潜在进入企业的制度需求和政策需求,做到"有的放矢"。一是突破传统的案头复制,以企业数据为政策制定依据。建议政府工作人员将自由贸易试验区企业的一手数据和二手数据相结合,建立企业信息管理平台,在建言献策中广泛采用大数据说话。二是走访企业了解新业态、新模式和新政策需求。通过走访企业,特别是新兴贸易业态,了解企业对制度创新的真实需求,为制定有针对性的政策提供好的支持依据。三是把服务点与企业身贴身。一些职能部门可以在企业集聚区开设便利窗口,提供咨询交流、办理业务等公共服务。

2. 从"闭门"向"串门"转变

自由贸易试验区制度创新的系统性需要各职能部门从"碎片化"转变为"模块化"。政府干部摒弃传统的"各自为政"思想,充分利用行政服务中心集体办公之便利,加强与常规性协作部门进行非正式交流沟通,有利于跨部门工作的开展和创新的产生。一是利用行政中心之便集体办公室。基于自由贸易试验区"一口受理"整理了多部门的创新案例,可以继续推广和复制该经验,政府相关职能部门集中办公,切实解决企业和个人营商"零跑动"。二是利用午餐会加强平时交流。鉴于以往政府部门之间私下交流不多的现实,可以尝试利用行政中心大楼员工饭堂举办一些午餐会,增进跨部门工作人员之间的感情。三是强化跨部门工作例会。以往涉及复杂性业务或突发性新兴业务,政府会采用临时组织跨部门提议会议,但是效果并不是特别明显。可以由项目主管领导牵头,形成密切关联部门的工作例会。

3. 从"唯上"向"唯实"转变

自由贸易试验区的创新性要建立在"求是"的基础上。基层干部对一线实情较为了解,在"有理有据"的基础上,应勇于突破现有行政层级思想的制约，为领导"献真言"。政府固有的体制和层级制约，导致出现一线工作人员长期对上级存在"跟风"或"言听计从"的现象。但是，自由贸易试验区在现实建设过程中涌现出较多的新现象，并不是领导能全盘理解和解决的。一线工作人员对于现实情况较为知情，可以以工作例会简报等形式向领导提出客观和温和的意见，促使领导欣然接受。

（三）提升自由贸易试验区政府的新业态监管的能力

1. 基于自由贸易试验区总体框架的知识建构

自由贸易试验区作为综合性的制度创新改革高地，要求各政府职能部门干部首先对自由贸易试验区制度创新的总体框架——"十三五""一带一路"和FTA与FTZ等有着全面深刻的宏观统揽，才能找到创新的着陆点。四大自由贸易试验区成立以来，各级政府干部和工作人员主要忙于推进制度和政策的出台和落实，并没有精力系统地对制定政策和实施政策的人员进行自由贸易试验区知识的培训。从对自由贸易试验区工作人员的访谈中发现，他们并没有对自由贸易试验区的内涵和发展有清晰的知识建构。建议每个自由贸易试验区可以邀请当地的高校自由贸易试验区研究院和中国自由贸易试验区高校联盟制定一套自由贸易试验区课程体系，为政府部门工作人员提供培训。

2. 以自由贸易试验区管委会为试点，改革中国公务员考录制度

自由贸易试验区建设产生了多领域的创新变革，这就要求政府职能部门从单纯提供行政服务的公务员知识储备1.0版升级为既能提供行政服务又能提供专业咨询和问题解决方案的公务员知识储备2.0版。自由贸易试验区中一半以上工作人员来自于公务员招考。基于对目前公务员招考专业和学历要求统计发现，除了一些技术性部门，其他基本属于公共行政部门，对专业性要求不高。这也导致了一般的政府职能部门工作人员只能为企业提供基本服务，而提供不了专业服务。自由贸易试验区的金融放开，负

面清单投资贸易管制、跨境电商新兴贸易形态等的兴起对传统的公务员知识储备提出了挑战。可以以前海管理局的企业化市场化人才招聘作为范式，以自由贸易试验区作为试点，改革传统"一刀切"的公务员考录制度，采用"市场化＋专业性"的招聘方式，吸纳更多国际性复合型人才加入自由贸易试验区管理团队中。

二、以负面清单管理制度改革为突破口促进投资便利化

（一）参照内资负面清单，对标国际惯例，完善负面清单投资管理制度

参照市场准入负面清单的内资标准，以及 CEPA 的鼓励的重点领域，制定更开放、限制行业更细化的自由贸易试验区准入负面清单。在开放程度和开放范围上，适度放开金融、通讯、文化娱乐等服务业的限制；降低专业教育、银行、券商、保险等行业的进入门槛要求。分步实施、重点研究针对境外人士的保险制度和担保制度，解决境外人士信用信息缺失情况下保险难、信用卡办理难等问题，达到开放多赢的效果。以港澳资负面清单管理为突破口，细化港澳资准入负面清单的限制行业。以开放发展为目标，以服务境外人士到境内群体为步骤，力争将台资准入纳入其中，专项研究、尽快落实。在负面清单的设计形式上，要尽快采用与国际通行的负面清单管理措施表述和行业分类标准。在负面清单的修订方面，要进一步提高负面清单变动程序的透明性。

（二）加强基于企业信息披露和规范经营的大数据备案制度

参照企业经营异常目录和国际化标准，统一整合企业公开信息数据库，将企业信息披露、规范经营、申请备案等一系列全方

位企业投资经营信息纳入数据库，对审批、备案、监管统一开放，并逐步开放公众查阅权限，提高监管效率。在目前审批、备案、监管等全方位信息需求下，建议专项研究诚信清单和企业信息公开工作，将企业社会责任等重要信息融入清单管理，结合备案制改革和"大审批、大监管"改革理念，整合网络平台资源和数据资源，推行信息更加开放的大数据备案制度。做到"同一平台、开源信息"，全方位监管和分类索引。

（三）借鉴知识产权贯标提出自由贸易试验区企业投资经营标准

知识产权"贯标"是知识产权的重点工作，"贯标"即企业按照国际的要求改造自身知识产权管理体系，通过第三方机构的评审考察，获得荣誉证书，以提升自身知识产权管理水平，加快企业竞争升级。知识产权"贯标"是路径依赖和正向引导的制度规范手段，建议自由贸易试验区可以根据投资备案、核准和产业发展诉求，制定具体的企业投资经营标准。以规范化制度化的方式，形成路径依赖，正向引导企业投资经营规范，提升企业投资经营规范和政府审批监管的契合度，从而提升投资的便利化水平。将自由贸易试验区投资经营标准和投资经营"贯标"工作作为"大审批、大监管"背景下投资管理制度创新的重点工作和在全国可复制可推广的制度创新（首创）亮点。

三、基于大数据管理，加强贸易便利化和促进新兴贸易业态发展

（一）"单一窗口"的升级

借鉴新加坡港口网和贸易网的"单一平台"模式，推进自由贸易试验区下一步的贸易便利化深化发展。实施贸易数据协同、简化和标准化。通过海港、空港和海关特殊监管区域的联动

作业，通过金融机构或非银行支付机构建立收费账单功能，便利企业办理支付和查询。实现物理和监管等新的交换共享，为进出口货物质量溯源信息的管理和查询提供便利。充分利用"互联网+"、物联网技术和政府大数据，对接国际贸易"单一窗口"，提升贸易监管的国际化水平和对标国际标准。

（二）拓展贸易便利化的覆盖领域

目前，自由贸易试验区贸易便利化主要制度创新集中在货物贸易上，随着服务贸易比重的不断增加和未来国际贸易发展主要方向的确定，中国的自由贸易试验区应该借助"单一窗口"优化升级的机会，将货物贸易便利化制度创新的覆盖面拓展到服务贸易，在系统中逐步纳入技术贸易、离岸贸易、服务外包、维修服务等，加快推进金融保险、文化旅游、卫生医疗、教育培训等高端服务领域的贸易便利化。分层次逐步放宽甚至取消对跨境支付、专业人才流动等形式的服务贸易限制。在时机成熟后逐步探索将服务贸易进出口退税申报纳入"单一窗口"管理。

（三）加强海关和检验检疫的分类监管

深化实施全国海关通关一体化建设，"双随机、一公开"监管以及"互联网+海关"等举措，进一步改革海关业务管理方式，对接国际贸易"单一窗口"，建立权责清晰、高效便捷的海关综合监管新模式。充分利用大数据、云计算、互联网和物联网等新兴技术，扩大海关智能化改革试点范围。深化"一线放开、二线安全高效管住"改革，强化综合执法，推进协同治理，探索设立与"区港一体"发展需求相适应的配套管理制度。深化实施货物状态分类监管，研究将试点从物流仓储企业扩大至贸易、生产加工企业。挖掘贸易制度创新创业潜力，通过全球质量溯源体系等信息库，支持贸易新业态发展。

四、寻找制度突破口，加大金融放开力度

（一）加强自由贸易试验区金融创新与国际（区域）金融中心建设联动

与其他领域的制度创新不同，金融领域创新的推进实施和复制推广更多地受到整体金融改革进程的制约发展。与此同时，金融要素的集聚特征，也使得自由贸易试验区金融创新更多要通过其辐射功能发挥效应。自由贸易试验区改革与上海国际金融中心、粤港澳大湾区国际金融中心、天津区域金融中心、福州和厦门区域金融中心的建设密切关联。随着自由贸易试验区金融创新政策的逐步落实，金融服务实体经济、服务投资和贸易便利化的能力将会进一步增强。运行三年来，上海以及第二批的三大自由贸易试验区金融放开及创新的制度及政策框架初步成型，应将这种先发优势转化为国际（区域）金融中心的辐射能力。一是助推企业"走出去"和国际产能合作；二是全力吸引各类金融机构总部入驻自由贸易试验区；三是加快自由贸易试验区金融市场建设；四是率先实现在上海自由贸易试验区内人民币资本项下可兑换；五是扩大金融放开，加强跨境金融合作。

（二）扩大自由贸易试验区核心金融制度创新的功能和试验范围

就当前来看，对自由贸易账户的试验范围和开放程度进一步拓宽，逐步放松相关管理变得尤为重要。一是要应尽快实现FT账户与其他账户的联网，消除联通不畅的障碍。二是应突出FT账户在风控中的优势，同时在风控体系日趋成熟之后，提高账户使用的便利性。三是扩大FT账户的使用范围。加快依托FT账户的资本项目开放进程，在自由贸易试验区国际金融资产交易平台、国际能源交易所等金融市场交易机制和金融产品设计中，运

用 FT 账户。

(三) 形成自由贸易试验区金融制度创新可复制、可推广的新经验

在新的自由贸易试验区实践中将形成一批又一批可复制可推广的经验。但在自由贸易试验区金融创新的进程中，受制于当前监管体系的制约，制度落地速度慢且碎片化。因此，从顶层设计的角度，应该与政府职能转变的方向一致，扩大对自由贸易试验区金融监管授权和推动综合监管试验，更多地创新，才能为进一步复制推广打基础。同时，在已有的制度框架下，让机构成为进一步金融创新的主体，及时总结市场主体在现有金融制度框架下的制度创新，积极促进并推广市场主体创新业务模式。已有的制度创新要进一步扩大使用范围，加快推进新金融机构的设立。

五、逐步完善中国自由贸易试验区法律保障体系

(一) 在自由贸易试验区立法方面

为了解决自由贸易试验区法律地位尴尬、权责区分不清、制度创新缺乏保障等缺陷，充分借鉴新加坡、美国等自由贸易区立法先行的做法，研究为中国自由贸易试验区立法，明确界定中国自由贸易试验区各片区的行政级别、立法位阶、改革权限等，配合各大自由贸易试验区所在地方人大已经发布或正在制定的自由贸易试验区条例，逐步构建自由贸易试验区发展的法律支撑体系，为自由贸易试验区的规范化发展提供法律保障。建议建立法律"因地调整"的快速程序。改变目前自由贸易试验区香港法律事项"一事一议"的做法，针对自由贸易试验区专门制定便捷的暂停相关法律法规实施的程序。

(二) 在投资管理相关法律方面

仿效国（境）外的做法，把自由贸易试验区的投资管理负面清单纳入法治化，明确自由贸易试验区外商投资负面清单的法律地位以及制定和出台配套的权责，避免通过国务院行政命令给外商投资负面清单临时修修补补的情况出现。除了以负面清单缩减以放松服务业监管外，自由贸易试验区可以尝试在编纂负面清单的过程中参考国际投资协议负面清单的体例，对清单列举的每一条特殊管理措施列出相应的法律依据和条款，并对相应条款的内容进行解释，提高投资环境透明度。

(三) 在完善自由贸易试验区法律环境方面

为了构建国际化的法治环境，自由贸易试验区应重点聚焦商事仲裁制度改革。例如，扩大外籍仲裁员的比例，吸收国际商事仲裁先进制度，赋予仲裁庭采取临时措施等权限，加强对仲裁裁决的执行效力。促进国内外联营律所等法律服务机构的发展，便利自由贸易试验区内的境外投资企业尽快熟悉中国的法律环境。在此过程中，加快专业服务从业者的资格互认，在准入制度和评价内容上吸取国际先进做法。

六、小结

从 2013 年中国（上海）自由贸易试验区成立开始，第一、二批自由贸易试验区均按照总体方案的要求，从政府职能转变、投资便利化、贸易便利化、金融放开等方面进行了积极的制度创新探索和实践，形成了一批可复制推广的创新成果，起到一定的引领作用。但是，由于中国固有行政体制的约束和制度变革本身就是一个较为漫长的过程，四大自由贸易试验区难免存在许多不足。总结 3 年的自由贸易试验区创新经验，深化自由贸易试验区的进一步改革可以从以下四方面着力：

1. 构建"1+3+7"的制度创新推广经验

3批自由贸易试验区从选址到各自的优势都各有特色。在从制度创新过程中,既要加强统一指导,又要充分发挥地方积极性和主动性,鼓励各个自由贸易试验区根据自身实际,推进差别化试验和错位发展。上海自由贸易试验区总结的金融放开和"双自联动"经验可以在合适的自由贸易试验区进行部分或全部推广;广东探索的粤港澳服务贸易便利化创新经验、福建探索的对台投资便利化创新经验、天津探索的城市群联动经验均可以在条件相似的地方进行推广。3批自由贸易试验区的政府职能转变经验和新业态监管模式也可以互相借鉴采用,做到在形成一批全国性的可复制推广经验的同时,又能彰显地方特色。

2. 构建清晰和完善的制度创新清单

本文把产业经济学的S-C-P模型运用到制度创新体系的研究上,构建了较为完整的政府结构—制度创新行为—创新绩效的理论模型。通过地方政府制度创新理论模型描绘出自由贸易试验区制度创新的具体内容。本报告对政府职能转变、投资便利化、贸易便利化、金融放开和法治化建设五方面的自由贸易试验区建设的内容进行了更为清晰的划分,对未来自由贸易试验区总体方案的深化和完善起着一定的指导作用。而每个建设内容里的具体措施则需要进一步地斟酌、细化和渐进调适。

3. 提升对标国际规则能力和对外开放水平

总结发现,3年的自由贸易试验区建设成效与预期是有一定落差的,主要原因在于政府体制改革与自由贸易试验区改革的协同不足以及放管范围和幅度的风险性制约。但是,在中国积极推进"一带一路"倡议的过程中,加强对外开放水平,对标国际规则已经是不得不面对的议题。只有通过自由贸易试验区的大胆试错,形成一套"压力测试"经验,中国才能从容地融入开放型经济建设中。这就需要中央对自由贸易试验区地方政府进行试点放权并制定"容错机制"和"晋升机制",以保障地方政府制度创新的诱发性。

4. 赋予自由贸易试验区更大改革开放权，建设自由贸易港

自由贸易港被称为全球开放度最高的特殊经济功能区。诸如中国香港港、新加坡港、迪拜港等国际先进自由港无不是以高度开放享誉世界。以自由贸易港为平台建设"全球开放水平最高的特殊经济功能区"，借助一些局部地区实施开放与创新融为一体的综合改革试验，在货物贸易、服务贸易、投资和人员流动方面赋予对标全球最高开放力度的改革自主权，加快推动先进制造业、金融和贸易、专业服务、文化、教育、医疗等领域有序放开对外资准入的限制，包括放宽外资注册资本、股权比例、经营范围，促进国内外商品、资金、人员、信息等要素自由流动。

5. 提升内部联动和城市群建设能力

一方面，地方政府部门传统的"碎片化"导致自由贸易试验区制度创新的"支离破碎"难成体系；另一方面，地方政府之间"晋升锦标赛"的路径依赖导致自由贸易试验区各片区之间各自为政，缺乏联动。自由贸易试验区的区域联动和辐射带动功能一直未能显示。随着"粤港澳大湾区""雄安新区"等国家级的城市群发展战略的推进，以自由贸易试验区为支点的城市群协同机制亟须建立。因此，未来中国自由贸易试验区的"1+3+7+N"格局中，除了各自进行制度创新、总结改革经验、发展本地经济外，还要更加重视区域之间的联动发展和发挥更大范围的辐射带动作用。

附录一 中国11个自由贸易试验区的综合投资价值指数

1. 上海自由贸易试验区（见下表）

上海自贸试验区	经济表现	制度创新成效	创新创业投资领域	综合投资价值指数
上海	上海自由贸易试验区累计新设企业超过5万家，区内共有企业8.7万家，其中新设外资企业9450家，实到外资金额占浦东新区的比重超过90%	国际贸易"单一窗口","证照分离"改革试点，公共信用信息服务平台。推出"先进区、后报关报税"	金融、贸易、生物医药、航运物流、高新科技、专业服务	★★★★✫

2. 广东自由贸易试验区（见下表）

广东自贸试验区	经济表现	制度创新成效	创新创业投资领域	综合投资价值指数
前海片区	累计注册企业16.49万家，2017年新增注册企业4.4万家，新增注册资本2.36万亿元	法定机构改革，原产地信用签证，"一次办妥"，多式联运一票式，网购保税+实体新零售	金融服务、人工智能、航运物流、贸易、信息科技、专业服务	★★★★✫

续上表

广东自贸试验区	经济表现	制度创新成效	创新创业投资领域	综合投资价值指数
南沙片区	新增企业5万家，新增企业注册总资本9642.7亿元	"全球质量溯源体系"、"企业专属网页"，跨境电商监管新模式	跨境电商、融资租赁、航运服务、教育医疗、旅游景区	★★★★☆
横琴片区	累计注册企业数超45800家，新增注册资本达2.4万亿元，新设外企733家	政府智能化监管服务模式	金融服务、文化创意、文化旅游、信息科技	★★★★☆

3. 天津自由贸易试验区（见下表）

天津自贸试验区	经济表现	制度创新成效	创新创业投资领域	综合投资价值指数
天津	新登记市场主体4.18万户，注册资本1.5万亿元	集成化行政执法监督体系，京津冀区域检验检疫一体化新模式，以信用风险分类为依托的市场监管制度	融资租赁、航运中心、高端装备制造、对外贸易	★★★★

4. 福建自由贸易试验区（见下表）

福建自贸试验区	经济表现	制度创新成效	创新创业投资领域	综合投资价值指数
福州片区	新增企业28696户，注册资本4581亿元	国际贸易"单一窗口"，全国首创"3A一掌通"移动税务平台，全国率先实行出口退税无纸化和先退后审，全国率先开展国地税协同重点税源直报	整车进口、跨境电商、现代物流、物联网、融资租赁	★★★☆
厦门片区	新增企业3.3万多家，注册资金近5300亿元	关检"一站式"查验平台+监管互认，国际贸易"单一窗口"	金融产业聚集区、智能制造、对台贸易	★★★★
平潭片区	新增企业7108家，注册资本3290亿元；新增外资企业578家，注册资本385.1亿元	投资管理体制改革"四个一"	跨境电商、文创、物流、旅游、类金融	★★☆

5. 辽宁自由贸易试验区（见下表）

辽宁自贸试验区	经济表现	制度创新成效	创新创业投资领域	综合投资价值指数
沈阳片区	新注册企业突破1.5万家，注册资本超过1500亿元	原产地信用签证、"一次办妥"、多式联运一票、网购保税+实体新零售	金融服务、人工智能、航运物流、贸易、信息科技、专业服务	★★★☆

续上表

辽宁自贸试验区	经济表现	制度创新成效	创新创业投资领域	综合投资价值指数
大连片区	新增注册企业7154家，注册资本近9946亿元。其中，外企企业109家，注册资本6.44亿美元	开通国内首条直达斯洛伐克中欧班列，借力自由贸易试验区推进国有企业提质增效，首开国内港口股权整合先例	港口衍生工业和配套服务、电子信息、先进装备制造、旅游、对日韩贸易	★★★★
营口片区	新增注册企业3189户，注册资本金合计1211.63亿元	全国首张"46证合一"营业执照，"16+X"集成化监管执法	金融服务、文化创意、文化旅游、信息科技	★★★☆

6. 浙江自由贸易试验区（见下表）

浙江自贸试验区	经济表现	制度创新成效	创新创业投资领域	综合投资价值指数
舟山	新注册企业4860家，其中油品企业1017家。新增外资企业74家	在全国率先实现船舶、货物、舱单等报关功能全口岸覆盖	油品全产业链：国际油品交易中心、国际海事服务基地、国际石化基地、国际油品储运基地、大宗商品跨境贸易人民币国际化示范区。千岛中央商务区服务业	★★★

7. 河南自由贸易试验区（见下表）

河南自贸试验区	经 济 表 现	制度创新成效	创新创业投资领域	综合投资价值指数
郑州片区	新注册企业23512户，注册资本2694亿元，新增外商投资企业129家	原产地信用签证、"一次办妥"、多式联运一票式、网购保税+实体新零售	智能终端、高端装备、汽车制造、生物医药、航空物流、金融服务、创意设计	★★★★☆
洛阳片区	新注册企业3948家，注册资本达到565.9亿元	"一枚印章管审批"综合审批模式	文化旅游、跨境电商、跨国农业合作、"一带一路"	★★★☆
开封片区	新注册企业2500多家，新增注册资本542亿元	在全国率先实行"22证合一"；推行许可默认备案、信用承诺即入、证照脱钩助推等五大类50条商事改革新举措	文创产业、医疗旅游、高端装备、现代物流、"一带一路"劳务输出	★★★☆

8. 湖北自由贸易试验区（见下表）

湖北自贸试验区	经 济 表 现	制度创新成效	创新创业投资领域	综合投资价值指数
武汉片区	新注册企业15656家。进出口贸易值1116.5亿元，占湖北省的35.6%，占全市的57.7%	全国首创"海关减免税手续汇总办理"，中欧班列运单归并、简化申报让进口运单归并办理	集成电路、软件、新能源汽车、高端数控装备、海工装备、生物制药	★★★★

续上表

湖北自贸试验区	经济表现	制度创新成效	创新创业投资领域	综合投资价值指数
宜昌片区	新增市场主体2220家，注册资本84.82亿元，其中外资企业8家	"小微快贷"	先进制造、生物医药、电子信息、农产品	★★★
襄阳片区	新增市场主体1079家，总投资5亿元以上项目12个	推行"全民自贸、全民招商、全民征迁"三全工作模式；推进"多证合一"和"证照分离"改革；在"29证合一"的基础上，全面实行"47证合一、87证联办"	现代装备制造、新能源汽车、新能源新材料、电子信息、医药化工、农产品深加工	★★★

9. 重庆自由贸易试验区（见下表）

重庆自贸试验区	经济表现	制度创新成效	创新创业投资领域	综合投资价值指数
重庆	新注册企业10814家，注册资本总额703.01亿元，其中新增外资企业203家，注册资本12.26亿美元	全球第一份铁路提单国际信用证，"四自一简"，"3C免办"，创新推动国际物流大通道建设，创新实施铁路运输信用证结算	云计算、总部经济、高端装备制造、物流	★★★★☆

10. 四川自由贸易试验区（见下表）

四川自贸试验区	经济表现	制度创新成效	创新创业投资领域	综合投资价值指数
四川	新增企业 3.4 万家、注册资本突破 4000 亿元，新设外商投资企业 300 家以上	国际贸易"单一窗口"；多式联运"一单制"；中小科技企业"双创债"；中欧班列集拼集运	政务服务、国际贸易、航运物流、国际酒业	★★★☆

11. 陕西自由贸易试验区（见下表）

陕西自贸试验区	经济表现	制度创新成效	创新创业投资领域	综合投资价值指数
陕西	新增注册市场主体 14811 户，其中企业数 12420 户，外资企业 164 户	推行"微信办照"；打造"通丝路"跨境电子商务人民币结算平台	陆空联运、航空服务、电子信息、总部经济、文化旅游、先进制造、科技研发、航空制造	★★★☆

附录二 广东自由贸易试验区南沙新区片区制度创新的企业满意度调查问卷

南沙新区片区制度创新的企业满意度调查问卷

先生/女士:

你好！我们是中山大学自贸区综合研究院的研究人员，现开展关于南沙自由贸易试验区制度创新成效的调查，主要关注贵公司对南沙自由贸易试验区营商环境满意度的整体评价。本调查采用匿名处理，结果只用于学术研究，请放心。

中山大学自贸区综合研究院
2017.10.20

1. 贵公司成立于_____年?
2. 贵公司主要从事什么业务?　　　请填写_____
3. 贵公司在南沙登记注册吗?　　　□是　□否
4. 贵公司主要在南沙办公吗?　　　□是　□否

贵公司觉得南沙有哪些方面特别需要改进的?					
（请在右边选项上打"√"）	非常满意 5分	比较满意 4分	一般 3分	不满意 2分	非常不满意 1分
政府职能转变					
行政服务中心硬件设施（停车、交通、等待区）	5	4	3	2	1

续上表

贵公司觉得南沙有哪些方面特别需要改进的？					
(请在右边选项上打"√")	非常满意 5分	比较满意 4分	一般 3分	不满意 2分	非常不满意 1分
政府职能转变					
行政服务中心配套服务（银行、复印、咨询等）	5	4	3	2	1
办事指引清晰性	5	4	3	2	1
行政服务中心办事效率	5	4	3	2	1
行政服务中心人员专业性	5	4	3	2	1
行政服务中心推出很多便民的服务方式（手机APP等）	5	4	3	2	1
行政服务中心能为企业着想，有人情味	5	4	3	2	1
行政服务中心各部门沟通与衔接	5	4	3	2	1
投资便利化					
投资门槛放宽和投资成本降低	5	4	3	2	1
投资信息公开透明	5	4	3	2	1
投资政策了解程度	5	4	3	2	1
投资服务配套（政府协助）	5	4	3	2	1
贸易便利化（进出口贸易公司答）					
通关高效便捷	5	4	3	2	1
贸易监管水平	5	4	3	2	1
产品和专业人员资质检验和互认	5	4	3	2	1
金融放开					
资金流动便捷	5	4	3	2	1
金融机构选择多	5	4	3	2	1
融资易	5	4	3	2	1

续上表

贵公司觉得南沙有哪些方面特别需要改进的？					
（请在右边选项上打"√"）	非常满意 5分	比较满意 4分	一般 3分	不满意 2分	非常不满意 1分
法治化					
企业诚信经营环境	5	4	3	2	1
法律纠纷处理	5	4	3	2	1
法律服务机构数量和质量	5	4	3	2	1
企业减负					
财政税收优惠	5	4	3	2	1
创业扶持与奖励	5	4	3	2	1
人才公寓与购房优惠政策	5	4	3	2	1
社保补贴	5	4	3	2	1
创业和就业环境					
南沙城市活力（人气、创业氛围）	5	4	3	2	1
南沙投资前景	5	4	3	2	1
南沙商业配套（写字楼出租、专业服务机构、中介）	5	4	3	2	1
南沙生活配套（交通、教育、医疗、休闲）	5	4	3	2	1
企业满意度					
贵公司享受到南沙的政策利好	5	4	3	2	1
贵公司对南沙行政（服务中心、工商、街道）服务的满意度	5	4	3	2	1
贵公司在南沙工作和生活的幸福程度	5	4	3	2	1

续上表

贵公司觉得南沙有哪些方面特别需要改进的?					
（请在右边选项上打"√"）	非常满意 5分	比较满意 4分	一般 3分	不满意 2分	非常不满意 1分
制度创新成效					
贵公司在南沙会获得业务增长吗	肯定会	会	不确定	不会	一定不会
贵公司会一直深耕南沙市场吗	肯定会	会	不确定	不会	一定不会
贵公司会推荐别人到南沙投资、工作、生活吗	肯定会	会	不确定	不会	一定不会

参 考 文 献

[1] SUI TAN, JIANG WU. Positioning and operating mechanism of service-oriented township government construction: the perspective of transformation of government functions [J]. Canadian social science, 2015, 11 (3): 298 - 303.

[2] DAVID K H. Organizing government structure and governance functions in metropolitan areas in response to growth and change: a critical overview [J]. Journal of urban affairs, 2000, 22 (1): 65 - 84.

[3] SHILPA M. The future of industrial zones [J]. The middle east, December 2000, 307: 29 - 31.

[4] DENINIS P. Foreign trade zones: U. S customs procedures and requirements [EB/OL]. http://www. exportmichigan. com/foreign-trade-zones. htm. February, 2003.

[5] GRUBEL H G. Towards a theory of free economic zones [J]. Review of world economics, 1982, 118 (1): 39 - 61.

[6] HEAD C K, RIES J C, SWENSON D L. Attracting foreign manufacturing: investment promotion and agglomeration [J]. Regional science and urban economics, 1999, 29 (2): 197 - 218.

[7] NORTH, DOUGLASS. Institution, institutional change and economic performance [M]. NY: Cambridge University Press, 1990.

[8] [美] 思密德 A. 制度与行为经济学 [M]. 北京：中国人民

大学出版社，2004．

[9] [美] 阿西莫格鲁，罗宾逊 A. 国家为什么会失败？[M]．长沙：湖南科学技术出版社，2015．

[10] 曹旭平. 上海自由贸易试验区制度创新的外溢效应研究——以常熟市为例 [J]．华东经济管理，2015（4）．

[11] 陈林，功莉娅，等. 中国外资准入壁垒的政策效应研究——兼议上海自由贸易区改革的政策红利 [J]．经济研究，2014（4）．

[12] 陈硕，高琳. 央地关系：财政分权度量及作用机制再评估 [J]．管理世界，2012（6）．

[13] 陈天祥. 中国地方政府制度创新的角色及方式 [J]．中山大学学报（社会科学版），2002（3）．

[14] 陈振明. 简政放权与职能转变——我国政府改革与治理的新趋势 [J]．福建行政学院学报，2016（1）．

[15] 陈振明. 中国地方政府改革与治理的研究纲要 [J]．厦门大学学报（哲学社会科学版），2007（6）．

[16] 陈振明，等. 平潭实验区行政主体资格与管理权能的界定 [J]．东南学术，2014（2）．

[17] 崔晶. 都市圈地方政府协作治理 [M]．北京：中国人民大学出版社，2015．

[18] 高维和，等. 美国 FTA、BIT 中的外资准入负面清单：细则与启示 [J]．外国经济与管理，2015（3）．

[19] 龚柏华."法无禁止即可为"的法理与上海自贸区"负面清单"模式 [J]．东方法学，2013（6）．

[20] 郭小聪. 中国地方政府制度创新的理论：作用与地位 [J]．政治学研究，2000（6）．

[21] 何骏，等. 中国（上海）自由贸易试验区离岸业务税收政策研究 [J]．外国经济与管理，2014（9）．

[22] 后向东."互联网＋政务"：内涵、形势与任务 [J]．中国行政管理，2016（6）．

［23］江若尘，陆煊．中国（上海）自由贸易试验区的制度创新及其评估——基于全球比较的视角［J］．外国经济与管理，2014（10）．

［24］江若尘，等．全球100个自由贸易区概览（上下）［M］．上海：上海财经大学出版社，2013．

［25］江若尘，等．中国（上海）自由贸易试验区对上海总部经济发展的影响研究［J］．外国经济与管理，2014（4）．

［26］金太军，汪波．经济转型与我国中央—地方关系制度变迁［J］．管理世界，2003（6）．

［27］李金龙，等．执行局：政务超市的渐进发展趋向［J］．中国行政管理，2007（6）．

［28］李鲁，张学良．上海自贸试验区制度推广的"梯度对接"战略探讨［J］．外国经济与管理，2014（2）．

［29］李善民．中国自由贸易试验区发展蓝皮书（2015—2016）［M］．广州：中山大学出版社，2016．

［30］李善民．中国自由贸易试验区发展蓝皮书（2016—2017）［M］．广州：中山大学出版社，2017．

［31］林江，等．广东自贸区：建设背景与运行基础［J］．广东社会科学，2015（3）．

［32］林雄．中国自贸区建设与国际经验［M］．广州：中山大学出版社，2016．

［33］林毅夫．关于制度变迁的经济学理论：诱致性变迁与强制性变迁［M］//财产权利与制度变迁．上海：上海三联书店，上海人民出版社，1994．

［34］刘辉群．中国保税区向自由贸易区转型的研究［J］．中国软科学，2005（5）．

［35］卢华．中国（上海）自由贸易试验区金融创新措施负责推广研究［J］．中国金融智库，2017（3）．

［36］罗长远，等．中国外贸转型升级与"自贸区"建设探析——兼论上海自由贸易试验区的功能与角色［J］．复旦

大学学报（社会科学版），2014（1）.

[37] 吕芳. 中国地方政府的"影子雇员"与"同心圆"结构——基于街道办事处的实证分析［J］. 管理世界，2015（10）.

[38] 毛寿龙. 中国政府体制改革的过去与未来［J］. 中国行政管理，2004.

[39] ［美］诺思. 制度、制度变迁与经济绩效［M］. 上海：上海三联书店，上海人民出版社，1994.

[40] 裴长洪. 全球治理视野的新一轮开放尺度：自上海自贸区观察［J］. 改革，2013（12）.

[41] 裴长洪，陈丽芬. 中国（上海）自由贸易试验区功能扩区研究［J］. 学习与实践，2015（2）.

[42] 裴长洪，等. 中国（上海）自由贸易试验区功能扩区研究［J］. 学习与实践，2015（2）.

[43] 裴长洪，等. 负面清单管理模式对服务业全球价值链影响的分析［J］. 财贸经济，2014（12）.

[44] ［日］青木昌彦. 比较制度分析［M］. 北京：中国发展出版社，2001.

[45] 沈开艳，等. 中国（上海）自由贸易试验区：制度创新与经验研究［J］. 广东社会科学，2015（3）.

[46] 沈荣华. 国外大部制梳理与借鉴［J］. 中国行政管理，2014（4）.

[47] 舒榕怀. 从保税区走向自由贸易区——略论我国保税区发展的趋向［J］. 世界经济文汇，2000（3）.

[48] 孙元欣，牛志勇. 上海自贸试验区负面清单转化为全国负面清单的路径和措施［J］. 科学发展，2014（6）.

[49] 孙元欣，等. 上海自由贸易试验区负面清单（2013版）及其改进［J］. 外国经济与管理，2014（3）.

[50] 孙元欣，等. 2016中国（上海）自由贸易试验区发展研究报告［M］. 上海：格致出版社，上海人民出版社，2016.

[51] 滕永乐. 中国（上海）自由贸易试验区对江苏经济的影响分析 [J]. 江苏社会科学, 2015（1）.

[52] 王利平, 耿曙. 自贸试验区建设与两岸经贸发展 [M]. 福州: 海峡出版发行集团, 福建人民出版社, 2016.

[53] 王新奎. 上海自贸试验区要"做蛋糕"而不是抢蛋糕 [J]. 中国经济周刊, 2013（3）.

[54] 夏斌. 对上海自贸试验区的认识与建议 [J]. 全球化, 2013（10）.

[55] 肖林, 等. 中国（上海）自由贸易试验区改革开放成效与制度创新研究 [J]. 科学发展, 2015（7）.

[56] 肖林. 中国金融智库 [M]. 上海: 格致出版社, 上海人民出版社, 2017.

[57] 肖林. 国家试验——中国（上海）自由贸易试验区制度设计 [M]. 上海: 格致出版社, 上海人民出版社, 2015.

[58] 徐兆明. 转变中的政府职能——全国政府职能理论讨论会综述 [J]. 政治学研究, 1986（5）.

[59] 杨帆. 上海自贸区意义究竟何在 [J]. 南方经济, 2014（4）.

[60] 杨海坤. 中国上海自由贸易试验区负面清单的解读及其推广 [J]. 江淮论坛, 2014（3）.

[61] 杨瑞龙. 论我国制度变迁方式与制度选择目标的冲突及其协调 [J]. 经济研究, 1994（5）.

[62] 杨瑞龙. 我国制度变迁方式转换的三阶段论——兼论地方政府的制度创新行为 [J]. 经济研究, 1998（1）.

[63] 杨志远, 等. 中国（上海）自由贸易试验区服务业开放研究 [J]. 经济学动态, 2013（11）.

[64] 姚东. 政府治理能力现代化视阈中的政府制度创新——以中国（上海）自由贸易试验区为例 [J]. 云南社会科学, 2015（2）.

[65] 张二震, 方勇. 经济全球化与中国对外开放的基本经验

[J]. 南京大学学报, 2008 (4).

[66] 张汉林, 盖新哲. 自由贸易区的来龙去脉、功能定位与或然战略 [J]. 改革, 2013 (9).

[67] 张曙光. 中国制度变迁的案例研究 (第二集) [M]. 北京: 中国财政经济出版社, 1999.

[68] 张曙光, 等. 中国贸易自由化进程的理论思考 [J]. 经济研究, 1996 (11).

[69] 张幼文. 自贸区试验与开放型经济体制建设 [J]. 学术月刊, 2014 (1).

[70] 赵晓雷, 等. 中国 (上海) 自贸试验区实施竞争中立操作方案设计 [J]. 科学发展, 2014 (11).

[71] 中国行政管理学会政府信息化建设课题组. 中国电子政务发展研究报告 [R]. 2002 (3).

[72] 周黎安. 行政发包制 [J]. 中国社会科学, 2014 (6).

[73] 周黎安, 陶婧. 官员晋升竞争与边界效应: 以省区交界地带的经济发展为例 [J]. 金融研究, 2011 (3).

[74] 周雪光, 练宏. 政府内部上下级部门间谈判的一个分析模型——以环境政策实施为例 [J]. 中国社会科学, 2011 (5).

[75] 周雪光, 练宏. 中国政府的治理模式——一个"控制权理论"[J]. 社会学研究, 2012 (5).

[76] 周业安, 等. 地方政府竞争与市场秩序的重构 [J]. 中国社会科学, 2004 (5).

[77] 周业安, 章泉. 财政分权、经济增长与波动 [J]. 管理世界, 2008 (3).

[78] 周业安, 赵晓男. 地方政府竞争模式研究——构建地方政府间良性竞争秩序的理论和政策分析 [J]. 管理世界, 2002 (12).

[79] 周业安. 中国制度变迁的演进论解释 [J]. 经济研究, 2004 (5).

［80］竺乾威. 地方政府大部制改革：组织结构角度的分析［J］. 中国行政管理, 2014（4）.

［81］刘恩专. 自贸试验区（FTZ）与自由贸易区（FTA）"双自联动"的机制与对策［J］. 港口经济, 2016（8）.

［82］许彩侠. 区域协同创新机制研究——基于创新驿站的再思考［J］. 科研管理, 2012（5）.